EDITION
OSHO

Die Texte für dieses Buch sind eine Zusammenstellung aus verschiedenen Diskursen, die Osho vor einer internationalen Zuhörerschaft gehalten hat. Alle Osho Diskurse sind als Originale publiziert worden und als Original-Audios erhältlich. Audios und das vollständige Text-Archiv finden Sie unter der Online-Bibliothek „Osho Library" bei www.osho.com

Titel der Originalausgabe:
Learning to Silence the Mind

1. Auflage 2010

Übersetzung: Prem Nirvano, Sitara Mittag
Umschlaggestaltung: Silke Watermeier, www.watermeier.net

Druck: Westermann Druck Zwickau GmbH, Zwickau
Printed in Germany
ISBN 978-3-936360-56-1

OSHO

MEDITATION ALS CHANCE

DIE KUNST, SICH VON DER LAST UNNÖTIGER GEDANKEN ZU LÖSEN

innenwelt verlag

Inhalt

1. Kapitel

WAS IST MEDITATION?

ÜBER MEDITATION ETWAS ZU SAGEN, IST EIN WIDERSPRUCH in sich. Man kann sie zwar machen, man kann in Meditation sein, aber es liegt in ihrer Natur, dass man nicht sagen kann, was sie ist. Trotzdem kann man sich bemühen, sie irgendwie zu vermitteln. Mag dabei auch nur ein bruchstückhaftes, partielles Verständnis herauskommen, so ist das mehr, als man erwarten kann. Und schon dieses bruchstückhafte Verständnis kann ein Saatkorn werden. Vieles hängt davon ab, wie man zuhört. Wer nur hört, dem kann man es nicht einmal ansatzweise vermitteln, aber wer zuhört … Man muss den Unterschied zwischen beidem verstehen.

Hören ist mechanisch. Wer Ohren hat, der kann natürlich hören. Wer taub wird, der kann mit einem mechanischen Hilfsgerät hören; aber das Gehör ist lediglich ein bestimmter Mechanismus zum Empfang von Tönen. Hören ist ganz einfach: Tiere hören, jeder, der Ohren hat, kann hören – das Zuhören aber steht auf einer weit höheren Stufe.

Zuhören heißt: Wenn du hörst, dann hörst du nur und tust sonst nichts; du denkst an nichts anderes, es ziehen keine Wolken an deinem inneren Himmel auf – sodass nur das, was gesagt wird, bei dir ankommt, so, wie es gesagt wird. Ohne Einmischung deines Verstandes; ohne Interpretation durch deine Vorurteile; von nichts umnebelt, was sich geradein dir abspielen mag – denn all das würde es nur verzerren.

Normalerweise ist es nicht schwer, das bloße Hören genügt; denn das, was du hörst, betrifft gewöhnliche Dinge. Wenn ich etwas über das Haus oder die Tür oder den Baum oder den Vogel sage, gibt es keine Probleme. Solche gewöhnlichen Dinge erfordern kein Zuhören. Aber wenn von so etwas wie Meditation die Rede ist – was nicht einmal ein Ding ist, sondern ein subjektiver Zustand –, dann ist Zuhören angesagt. Dieser Zustand lässt sich nur andeuten. Man muss ausgesprochen wach und bewusst sein – nur dann ist es möglich, dass ein gewisser Sinn ankommt.

Selbst wenn nur ein wenig Einsicht aufsteigt, ist das mehr als genug. Denn Einsicht kann von allein weiter wachsen. Wenn auch nur ein winziges bisschen Einsicht auf die richtige Stelle fällt, wächst sie ganz von selber weiter.

Versucht zunächst das Wort „Meditation" zu verstehen. Dieses Wort trifft nicht genau den Zustand, um den es jedem authentischen Sucher zwangsläufig gehen muss. Daher möchte ich mit euch zunächst ein paar Wörter klären. Im Sanskrit haben wir für Meditation ein spezielles Wort, nämlich *dhyana.* In keiner anderen Sprache existiert ein vergleichbares Wort; es ist ein unübersetzbares Wort. Seit zweitausend Jahren ist bekannt, dass dieses Wort unübersetzbar ist – einfach weil man nirgendwo sonst versucht hat, zu meditieren oder auch nur den Zustand kennt, auf den das Wort zutrifft. Daher hat auch keine andere Sprache ein Wort dafür. Ein Wort wird erst dann nötig, wenn es etwas zu sagen hat, etwas bezeichnen will. Im Englischen gibt es drei Wörter; das erste ist „Konzentration." Ich habe viele Bücher von durchaus wohlmeinenden

Autoren gelesen, die Meditation aber nie selbst erfahren haben. Sie übersetzen *dhyana* ständig mit „Konzentration", *dhyana* ist aber nicht Konzentration. Konzentration bedeutet lediglich, dass sich euer Verstand auf einen einzigen Punkt richtet – es ist eine Geistesverfassung. Gewöhnlich ist der Verstand unaufhörlich in Bewegung, aber mit einem ständig laufenden Verstand lässt sich ein konkretes Thema nicht bearbeiten.

Zum Beispiel braucht man in der Wissenschaft Konzentration; ohne Konzentration ist jede Wissenschaft ausgeschlossen. Kein Wunder also, dass sich die Wissenschaften nicht im Osten entwickelt haben – ich kann diese tiefen inneren Zusammenhänge sehen … denn Konzentration galt dort nie als wertvoll. Religion erfordert etwas anderes, keine Konzentration.

Konzentration ist ein „auf einen Punkt" gerichteter Verstand. Sie hat ihren Nutzen, denn so kann man tiefer und tiefer ein bestimmtes Objekt erforschen. Nichts anderes tut die Naturwissenschaft: Sie findet mehr und mehr über die Objektwelt heraus. Wessen Verstand ständig umherschweift, der kann kein Wissenschaftler sein.

Die ganze Kunst des Wissenschaftlers besteht darin, imstande zu sein, die Welt zu vergessen und sein ganzes Bewusstsein auf eine einzige Sache auszurichten. Und wenn das ganze Bewusstsein in diese eine Sache einfließt, dann ist das fast so, wie Sonnenstrahlen auf eine Linse zu konzentrieren: so kann man Feuer entfachen. Diese Strahlen können für sich genommen kein Feuer entfachen, weil sie diffus sind; sie streben auseinander. Sie gehen genau in die entgegengesetzte Richtung. In der Konzentration werden die Strahlen gebündelt, treffen in einem Punkt zusammen; und wenn so viele Strahlen in einem Punkt zusammentreffen, haben sie genug Energie, um Feuer zu entfachen. Das Bewusstsein hat dieselbe Eigenschaft: Konzentriere es, und du kannst tiefer in die Mysterien der Gegenstände eindringen.

Das erinnert mich an eine Anekdote über Thomas Alva Edison, einen der größten Naturwissenschaftler Nordamerikas ...

Edison arbeitete dermaßen konzentriert an etwas, dass seine Frau, als sie ihm das Frühstück brachte, sofort sah, dass er sie in seiner Versunkenheit nicht bemerkt hatte. Er hatte nicht einmal aufgeblickt, er hatte nicht bemerkt, dass sie da war. Sie wusste, es war jetzt unangebracht, ihn zu stören. „Natürlich wird jetzt das Frühstück kalt“, dachte sie, „aber wenn ich ihn störe, wird er erst recht wütend – man weiß ja nie, wo er ist ...“ Also stellte sie das Frühstück einfach neben ihn, damit er, wenn er wieder aus der Versenkung auftauchte, sein Frühstück sehen und verspeisen würde.

Aber was passierte? Ein alter Freund schaute vorbei, und auch er sah, wie konzentriert Edison war, und er sah das Frühstücktablett da stehen und sagte sich: „Soll er in Ruhe arbeiten, währenddessen esse ich das Frühstück, es wird ja sonst kalt!“ Er frühstückte, aber Edison war sich nicht einmal bewusst, dass dieser Freund im Raum war! Als er aus seiner Konzentration wieder auftauchte, sah Edison sich um, sah den Freund und sah den leeren Teller. Er erklärte dem Freund: „Bitte verzeih mir. Du bist so spät gekommen und ich habe bereits gefrühstückt.“ Offensichtlich hatte hier bereits jemand gegessen, das konnte nur er selber gewesen sein. Der arme Freund war verlegen, er hatte Edison überraschen wollen, aber nun überraschte dieser ihn noch mehr!

Als er sagte: „Du kommst leider etwas zu spät …", schaltete sich seine Frau ein, die alles beobachtet hatte, und sagte: „Nicht er kommt zu spät, du kommst zu spät! Er hat dein Frühstück verdrückt. Ich sah es, aber das Frühstück wurde sowieso kalt, zumindest hatte einer was davon. Und du willst Wissenschaftler sein! Ich frage mich manchmal, wie du mit deiner Wissenschaft überhaupt klar kommst." Die Frau fuhr fort: „Du weißt ja nicht einmal, wer dein Frühstück gegessen hat, und sagst zu deiner Entschuldigung: ‚Du kommst leider zu spät, es tut mir leid!'"

Konzentration ist immer eine Verengung eures Bewusstseins. Je eingeengter es ist, desto machtvoller wird es. Dann wird es wie ein Schwert, das den gordischen Knoten der Natur durchhaut: Du musst alles um dich her vergessen. Aber das hat nichts mit Religion zu tun. Viele haben dies falsch verstanden – nicht nur im Westen, sondern auch im Osten. Sie halten Konzentration für Religion. Konzentration verleiht zwar enorme Kräfte, aber diese Kräfte sind geistiger Art.

Zum Beispiel musste sich im Jahre 1920 der König von Varanasi operieren lassen … und seine Operation erregte in aller Welt Aufsehen, da er jegliche Anästhesie verweigert und gesagt hatte: „Ich habe gelobt, keinerlei Betäubungsmittel zu nehmen, die mich bewusstlos machen, also darf man mich auch nicht unter Chloroform setzen; aber macht euch keine Sorgen …" Es war eine ernste Operation, eine Blinddarmoperation. Nun, jemandem den Blinddarm herauszunehmen, ohne ihn zu betäuben, ist wirklich gefährlich … der Patient könnte sterben. Er wird den Schmerz nicht ertragen können, denn es wird furchtbar weh tun. Erst muss man ihm den Unterleib aufschneiden, dann den

Blinddarm wegschneiden, ihn entfernen. Das dauert eine Stunde, zwei Stunden – und man weiß nie, wie schlimm es um den Blinddarm steht. Doch er war kein gewöhnlicher Mann – andernfalls hätte man ihn zwingen können – er war der König von Varanasi. Er beschwichtigte die Ärzte: „Nun, machen Sie sich nur keine Sorgen ..." Und er sprach zu den besten Ärzten Indiens, auch ein Spezialist aus England war da. Sie alle waren sich einig: Keiner wollte ihn operieren, aber operiert werden musste er, sonst konnte der Blinddarm den Mann jeden Moment umbringen. Er schwebte in Lebensgefahr, und so oder so schien die Situation ausweglos. Operierte man ihn nicht, mochte er sterben; operierte man ihn, ohne ihn zu betäuben ... was man noch nie versucht hatte, es gab keinen Präzedenzfall ...

Aber der König sagte: „Sie verstehen mich nicht. Man hat es nur deshalb noch nie versucht, weil man noch nie an einen Mann wie mich geraten ist. Sie brauchen mir nur meine heilige Schrift, die Shrimad Bhagavad Gita zu geben, ich werde darin lesen, und nach fünf Minuten kann die Operation losgehen. Sobald mich die Gita gepackt hat, können sie mir jeden Körperteil wegschneiden, ohne dass ich überhaupt etwas davon merke, von Schmerz ganz zu schweigen!"

Als er nicht nachgab ... und da er ohne die Operation sowieso sterben würde, ging man schließlich das Risiko ein. Vielleicht hatte er ja recht, er war bekannt für seine religiösen Übungen. Und so geschah es denn. Er las fünf Minuten lang in der Gita und schloss die Augen; die Gita fiel ihm aus den Händen, und sie führten die Operation durch. Sie dauerte eineinhalb Stunden. Die Sache war in der Tat ernst, schon in wenigen Stunden wäre der Blinddarm geplatzt und hätte den Mann getötet. Sie entfernten den Blinddarm, und der Mann war bei vollem Bewusstsein, mucksmäuschenstill; seine Augen verrieten keine Regung. Er war woanders.

Das hatte er sein Leben lang praktiziert: Er brauchte nur fünf Minuten zu lesen, und schon war er auf der Spur. Er kannte die Gita auswendig, er konnte sie ohne das Buch hersagen. Sobald er in die Gita eingetaucht war, war er wirklich in ihr drin, war sein Geist dort – er hatte seinen Körper restlos verlassen. Diese Operation machte weltweit Schlagzeilen. So etwas hatte es noch nie gegeben! Aber man machte denselben Fehler: Alle Zeitungen behaupteten, der König von Varanasi sei ein Mann von großer Meditation.

Er war ein Mann von enormer Konzentration – nicht Meditation! Er selbst unterlag demselben Irrtum; er meinte ebenfalls, den Zustand der Meditation erlangt zu haben. Es war keine Meditation. Es ist einfach so, dass sein Geist so ausschließlich auf eine einzige Sache fokussiert war, dass alles andere, was außerhalb dieses Brennpunkts lag, überhaupt nicht wahrgenommen wurde. Das ist kein Zustand der Bewusstheit, sondern ein Zustand verengten Bewusstseins – so verengt, dass es sich nur noch auf einen Punkt richtet und die übrige Existenz ausklammert. Ehe ich also darüber spreche, was Meditation ist, müsst ihr verstehen, was es nicht ist. Erstens: Es ist nicht Konzentration.

Zweitens: Es ist nicht Kontemplation. Konzentration richtet sich auf einen einzigen Punkt; Kontemplation hat ein etwas weiteres Feld. Ihr kontempliert zum Beispiel über Schönheit … Es gibt tausende Dinge, die schön sind; ihr könnt von einem schönen Ding zum nächsten weitergehen. Ihr habt viele Schönheitserfahrungen, ihr könnt von einer Erfahrung zur anderen weitergehen. Ihr müsst euch auf das Thema beschränken. Kontemplation ist eine weiträumigere Konzentration, nicht nur auf einen Punkt ausgerichtet, sondern auf ein ganzes Thema. Ihr werdet weitergehen, euer Geist wird wandern, aber er wird beim Thema bleiben.

Die Arbeitsmethode der Wissenschaft ist Konzentration; die Arbeitsmethode der Philosophie ist Kontemplation. Bei der Kontemplation schaltet man ebenfalls alles aus, was nicht zum Thema gehört. Das Thema ist weiter gefasst und man hat daher mehr Spielraum. Bei der Konzentration hat man keinen Spielraum. Da kann man zwar immer tiefer und tiefer gehen, immer enger und enger werden, kann man es immer mehr zuspitzen, aber man hat keine Bewegungsfreiheit. Darum sind Wissenschaftler so engstirnig. Es wird euch überraschen, wenn ich das sage.

Man sollte meinen, dass Wissenschaftler einen sehr offenen Geist hätten. Das trifft nicht zu. Was ihr Spezialgebiet betrifft, sind sie sehr offen: Sie hören sich bereitwillig alles an, was ihrer Theorie widerspricht, und zwar mit absoluter Fairness. Aber außerhalb ihres Faches sind sie voreingenommener, bigotter als der gewöhnliche, gemeine Mann, einfach nur deswegen, weil sie sich nie für etwas anderes interessiert haben: Sie haben einfach blind die Überzeugungen der Gesellschaft übernommen.

Oft brüsten sich religiöse Leute damit: „Seht doch nur diesen berühmten Wissenschaftler, er hat den Nobelpreis und was nicht alles, und trotzdem kommt er jeden Tag in die Kirche!" Sie vergessen völlig, dass es nicht der Nobelpreisträger und Wissenschaftler ist, der zur Kirche geht, sondern nur die unwissenschaftliche Seite des Mannes zur

Kirche geht, und dass dieser Mann, bis auf seine wissenschaftliche Seite, weit blauäugiger ist als irgendwer sonst. Schließlich ist jedermann offen, aufgeschlossen, denkt über alles nach; vergleicht, welche Religion gut ist, ja liest manchmal sogar über andere Religionen nach und hat einen gewissen gesunden Menschenverstand – der den Wissenschaftlern fehlt.

Um Wissenschaftler sein zu können, muss man ein paar Dinge opfern – zum Beispiel seinen gesunden Menschenverstand. Alle normalen Menschen haben einen gesunden Menschenverstand. Ein Wissenschaftler ist kein normaler Mensch, er hat keinen gesunden Menschenverstand. Mit einem gesunden Menschenverstand kann man weder auf die Relativitätstheorie noch auf das Gesetz der Schwerkraft stoßen. Der gesunde Menschenverstand ist für alles Übrige zuständig.

Albert Einstein zum Beispiel operierte mit so riesigen Zahlenmengen, dass eine einzige Zahl die ganze Seite füllen kann – gefolgt von Hunderten von Nullen. Aber er vertiefte sich – anders als jeder normale Mensch – dermaßen in diese Riesenzahlen, dass ihm so manche Kleinigkeit entging. Eines Tages bestieg er einen Bus und gab dem Schaffner das Geld. Der Schaffner gab ihm Wechselgeld zurück, Einstein zählte nach und sagte: „Das stimmt nicht, Sie betrügen mich! Geben Sie mir den vollen Betrag!"

Der Schaffner nahm das Wechselgeld, zählte noch mal nach und sagte: „Sie können anscheinend nicht zählen."

Einstein erinnert sich: „Als der Mann zu mir sagte: ‚Anscheinend können Sie nicht zählen!' nahm ich das Geld an mich und sagte mir: halte besser den Mund. Wenn andere hören, dass ich nicht zählen kann … und das dann auch noch von einem Busschaffner ... Womit hab ich mich denn mein ganzes Leben lang beschäftigt? Mit nichts als Zahlen ... ich träum ja schon von Zahlen; weder von Frauen noch von Männern – nur von Zahlen. Ich denke in Zahlen, ich träume in Zahlen, und dieser Idiot wagt es zu sagen, ich hätte keine Ahnung von Zahlen!"

Kaum wieder zu Hause, bat er seine Frau: „Zähl doch bitte mal das Wechselgeld nach: Wieviel ist es?"

Sie zählte nach und sagte: „Stimmt haargenau."

Er sagte: „Mein Gott! Das heißt, der Schaffner hatte recht. Vielleicht hab ich keine Ahnung von Zahlen. Vielleicht komm ich ja nur mit unvorstellbaren Zahlen klar und kleine Summen sind mir völlig entfallen!"

Ein Wissenschaftler verliert zwangsläufig seinen gesunden Menschenverstand. Und mit dem Philosophen ist es dasselbe. Kontemplation ist zwar umfassender, beschränkt sich aber auch auf ein bestimmtes Thema.

Zum Beispiel dachte Sokrates eines Abends über etwas nach – man wusste nie, woran er gerade dachte ... Er stand vor einem Baum und war so in seine Betrachtung verloren, dass er überhaupt nicht bemerkte, dass es zu schneien begann. Am nächsten Morgen fand man ihn halb erfroren! Er stand bis zu den Knien im Schnee, und er stand mit geschlossenen Augen da. Er lebte zwar noch, aber vielleicht hatte sogar schon sein Blut zu gefrieren begonnen.

Man brachte ihn heim; man gab ihm eine Massage, flößte ihm Alkohol ein und irgendwie weckte man seine Lebensgeister wieder. Man fragte ihn: „Was hast du dir dabei gedacht, dich so da draußen hinzustellen?"

Er sagte: „Ich wusste überhaupt nicht, ob ich stand oder saß, oder wo ich war. Ich war dermaßen in mein Thema vertieft, dass ich mich ihm vollends hingab. Ich weiß nicht, wann es zu schneien begann oder wann die ganze Nacht verstrich. Ich hätte sterben können, ohne meine Sinne wieder zu finden, weil das Thema mich derart fesselte. Ich war immer noch nicht durch damit; es war eine ganze Theorie, und ihr habt mich mittendrin geweckt. Keine Ahnung, ob ich der unfertigen Theorie wieder habhaft werden kann."

Das ist genauso, wie wenn du schläfst und jemand dich aufweckt. Glaubst du vielleicht, dass du danach einfach nur die Augen wieder zu schließen brauchst, um denselben Traum weiterzuträumen? Es ist äußerst schwierig, wieder in denselben Traum reinzukommen ...

Kontemplation ist eine Art logisches Träumen. Es ist etwas sehr Ausgefallenes. Aber Philosophie beruht auf Kontemplation. Der Philosoph kann sich zwar von Fall zu Fall der Konzentration bedienen, um sich in Kontemplation zu versenken. Wer sich mit kleineren Bereichen seines Themas befassen will, kann sich der Konzentration bedienen, das ist unproblematisch. Philosophieren ist im Grunde Versenkung, kann aber ab und zu auch Konzentration als Werkzeug, als Instrument einsetzen.

Religiosität dagegen kann nichts mit Konzentration anfangen; Religiosität kann aber auch nichts mit Kontemplation anfangen, denn da geht es nicht um ein Objekt. Ganz egal, ob ihr Objekt die Außen- oder die Innenwelt betrifft – als Gedanke, Theorie oder Philosophie – es sind immer Objekte.

Das Religiöse interessiert sich für den, der sich zentriert, für den, der sich versenkt.

Wer ist das? Nun, darauf kannst du dich nicht konzentrieren. Wer ist es, der sich darauf konzentrieren? – du *bist* es.

Du kannst dich auch nicht darin versenken, denn wer sollte das tun? Du kannst dich nicht in zwei Teile teilen, sodass du den einen Teil vor dich hinstellst und der andere sich in ihn versenkt. Du kannst dein Bewusstsein nicht zweiteilen. Und selbst wenn das irgendwie möglich wäre – es ist nicht möglich, aber wenn du dein Bewusstsein mal rein theoretisch teilen könntest – wäre der, der da den anderen betrachtet, immer noch du; der andere ist nicht du.

Der andere ist niemals du. Oder in anderen Worten: Das Objekt ist niemals du. Du bist unweigerlich das Subjekt. Du kannst dich unmöglich zu einem Objekt machen.

Das ist genau wie mit einem Spiegel. Der Spiegel kann dein Bild zurückwerfen, der Spiegel kann alles Mögliche auf der Welt widerspiegeln, aber kannst du diesen Spiegel veranlassen, sich selber zu spiegeln? Du kannst diesen Spiegel nicht sich selbst gegenüber stellen, denn bis du ihn vor sich selber gestellt hast, ist er nicht mehr da. Der Spiegel selbst kann sich nicht selber spiegeln. Das Bewusstsein ist haargenau ein Spiegel. Du kannst es als Konzentration auf ein Objekt richten. Du kannst es als Kontemplation auf ein Thema richten.

Das englische Wort „Meditation" ist ebenfalls unzutreffend, aber mangels eines anderen Wortes müssen wir uns vorerst damit begnügen – bis das Wort *dhyana* als Fremdwort akzeptiert wird, genau wie es die Chinesen, die Japaner akzeptiert haben, denn diese Länder befanden sich in derselben Lage. Als vor zweitausend Jahren buddhistische Mönche nach China kamen, suchten sie vergeblich nach einem Wort, das ihrem Wort *dhyana* entsprechen könnte. Die Sprache Gautam Buddhas war niemals Sanskrit, er sprach eine volkstümliche Sprache namens Pali.

Sanskrit war die Sprache der Priester, der Brahmanen, und ein Grundzug seiner Revolution war die Entmachtung der Priesterschaft – sie hatte keine Daseinsberechtigung. Der Mensch kann unmittelbar mit der Existenz in Verbindung treten, er braucht keinen Mittelsmann, ein Vermittler verhindert es nur.

Ihr könnt das ohne weiteres verstehen: Ihr könnt eure Freundin, euren Freund nicht durch einen Vermittler lieben! Ihr könnt nicht zu jemandem sagen: „Du kriegst zehn Dollar von mir, wenn du meine Frau an meiner Stelle liebst!“ Ein Diener kann da nicht einspringen, niemand kann da für dich einspringen – das kannst nur du machen. Kein Diener kann an deiner Stelle lieben – andernfalls würden die Reichen sich nicht selber auf dieses schmierige Geschäft einlassen. Sie haben Diener genug, Geld genug, sie bräuchten einfach nur die Diener schicken. Sie könnten die besten Diener aussuchen, aber warum sollten sie sich selber herablassen? Aber es gibt ein paar Dinge, die du schon selber erledigen musst. Ein Diener kann nicht für dich schlafen, ein Diener kann nicht für dich essen.

Wie soll ein Priester, der nichts weiter ist als ein Diener, vermitteln können zwischen dir und der Existenz oder Gott oder der Natur oder der Wahrheit? Der Papst hat sogar gesagt, dass es als Sünde gilt, mit Gott direkt in Verbindung zu treten – eine Sünde! Du darfst nur durch einen ordentlich geweihten katholischen Priester mit Gott in Kontakt treten; alles muss durch die richtigen Kanäle laufen. Es gibt eine gewisse Hierarchie, eine Bürokratie; du darfst nicht den Bischof, den Papst, den Priester übergehen. Wenn du das einfach tust, betrittst du direkt Gottes Haus. Das ist nicht erlaubt, das ist Sünde!

Ich war überrascht zu hören, dass dieser Papst, der Polacke, sich herausnimmt, dies eine Sünde zu nennen, zu sagen, dass der Mensch nicht von Geburt aus das Recht habe, mit der Existenz oder der Wahrheit in Verbindung zu treten, dass er selbst dafür eine regelrechte Agentur benötigt. Und wer darf die richtige Agentur festlegen? Es gibt dreihundert Religionen, und alle haben ihre Bürokratien, ihre richtigen Kanäle; und sie alle nennen die übrigen zweihundertneunundneunzig Lug und Trug!

Aber die Priesterschaft hat nur dann Bestand, wenn sie sich absolut unentbehrlich macht. Sie ist absolut entbehrlich, aber sie muss sich euch als etwas Unumgängliches aufzwingen. Als ich dies hörte ..., dass jeder Versuch, mit Gott direkt in Verbindung zu treten, Sünde ist, hab ich mich gefragt, was Moses sich wohl gedacht hat, als er direkt mit Gott in Kontakt trat. Ganz ohne einen Vermittler, ganz ohne Anwesende! Es gab keine Augenzeugen, als Moses Gott im brennenden Dornbusch begegnete. Damit beging er, dem Polackenpapst zufolge, eine große Sünde...

Wer war der Vermittler für Jesus? Er brauchte eine Agentur. Er suchte auch direkten Kontakt mit Gott – im Gebet. Und er bezahlte niemand anderen dafür, an seiner Stelle zu beten, er betete selber. Er war kein Bischof, kein Kardinal, kein Papst, so wenig wie Moses ein Bischof, ein Kardinal, ein Papst war. Sie alle waren Sünder, wenn man den Polackenpapst fragt.

In Wahrheit ist es euer Geburtsrecht, die Existenz, das Leben zu hinterfragen und worum es eigentlich geht.

Kontemplation ist theoretisch, da könnt ihr ewig spekulieren ... sie raubt euch außerdem euren gesunden Menschenverstand. Immanuel Kant zum Beispiel war einer der bedeutendsten Philosophen, den die Welt hervorgebracht hat. Er blieb sein Leben lang in einer einzigen Stadt, einfach weil jede Veränderung seine Kontemplation nur gestört hätte – ein neues Haus, neue Leute ... Alles hatte exakt gleich zu bleiben, damit er komplett frei war zu kontemplieren.

Er heiratete nie. Eine Frau hatte es ihm sogar angeboten, aber er sagte: „Ich werde es mir überlegen." Vielleicht hat es diese Antwort nur ein einziges Mal gegeben; normalerweise hält der Mann um die Hand der Frau an. Sie dürfte lange genug gewartet haben, und als ihr klar wurde, dass dieser Mann niemals um ihre Hand anhalten würde, tat sie es selber. Aber was sagte er? „Ich werde es mir überlegen." Drei Jahre lang kontemplierte er alles, was für die Ehe sprach, und alles, was gegen die Ehe sprach, und das Problem war, dass sich beides genau die Waage hielt und einander aufhob. Nach drei Jahren ging er also zum Haus dieser Frau und klopfte an um zu sagen: „Ich komme zu keinem Schluss, da das Für und das Wider gleichermaßen gültig ist, einander aufhebt, und ich kann nicht eher handeln, als bis sich herausstellt, dass die eine Seite logischer, wissenschaftlicher, philosophischer ist als die andere. Bitte verzeihen Sie mir; und es steht Ihnen frei, einen anderen zu heiraten."

Ihr Vater öffnete die Tür – Kant bat ihn, seine Tochter sprechen zu dürfen. Der Vater sagte: „Sie kommen zu spät. Sie ist jetzt verheiratet und hat sogar schon ein Kind. Und Sie wollen ein Philosoph sein?! Nach drei Jahren kommen Sie an, um Ihr Antwort zu geben!"

Kant sagte: „Die Antwort war ohnehin nicht Ja; aber bitte sagen Sie Ihrer Tochter, dass ich unfähig sei, zu einer Antwort zu kommen. Ich habe mir wahrhaft den Kopf darüber zerbrochen, aber ich muss fair bleiben. Ich kann mir nicht selber einreden, dass die positiven Gründe überwiegen und die negativen Gründe unterschlagen. Ich kann mich nicht selbst betrügen."

Nun, dieser Mann erschien täglich auf die Minute genau zur selben Zeit in der Universität. Die Leute stellten ihre Wand- und Taschenuhren, sobald er auftauchte: Man konnte sich sekundengenau auf ihn verlassen. Er verhielt sich wie die Zeiger einer Uhr. Sein Diener sagte nicht etwa, „Herr, das Frühstück ist zubereitet!", nein, sondern: „Herr, es ist sieben Uhr dreißig." Man brauchte ihm nicht zu sagen, dass es Zeit sei zum Mittagessen: „Zwölf Uhr dreißig!"... allein die Zeitangabe genügte.

Alles stand fest. Er war so in sein Philosophieren versunken, dass er abhängig wurde ... fast zum Diener seines eigenen Dieners, da der Diener ihm regelmäßig drohte: „Sonst kündige ich!" Und der Diener wusste, dass Kant es sich gar nicht leisten konnte, ihn gehen zu lassen. Einmal hatte er es für ein paar Tage drauf ankommen lasssen. Als der Diener ihm drohte, hatte Kant gesagt: „Bitte sehr, Sie können gehen. Sie halten sich für unentbehrlich. Glauben Sie etwa, ich könne nicht ohne Sie leben, ich könne keinen anderen Diener finden?"

Der Diener sagte: „Versuchen Sie es doch." Aber mit dem anderen Diener funktionierte es nicht, denn der hatte keine Ahnung, dass er nur die Zeit ankündigen musste, sondern sagte: „Das Mittagessen steht bereit" – und das empfand Kant schon als Störung. Er musste frühmorgens geweckt werden, um fünf Uhr, und die Anweisung an den Diener lautete: „Selbst wenn ich Sie verprügele und zu Ihnen sage ‚Verschwinden Sie! Ich will schlafen!', dürfen Sie nicht gehen. Selbst wenn Sie mich schlagen müssen, dann tun Sie es eben, zerren Sie mich aus dem Bett!"

Und: „Fünf heißt fünf; wenn ich zu spät aus dem Bett komme, mach ich Sie verantwortlich. Sie haben jegliche Freiheit zu tun, was Sie tun wollen. Ich habe nichts zu sagen, denn manchmal ist es zu kalt und mir ist nach Weiterschlafen zumute … aber das ist etwas Flüchtiges – kümmern Sie sich nicht drum. Sie haben der Uhr und meinen Befehlen zu gehorchen, aber in dem Augenblick der Verschlafenheit brauchen Sie nicht auf mich zu hören. Ich mag sagen: ‚Verschwinden Sie! – Ich steh ja schon auf!' Sie dürfen nicht weggehen, sondern müssen mich Punkt fünf aus dem Bett holen."

Oft genug kam es zum Ringkampf, und der Diener schlug auf ihn ein und zwang ihn aufzustehen. Nun, ein neuer Diener brachte es nicht fertig, den Herrn zu schlagen! Schon der bloße Befehl klang absurd. „Wenn Sie schlafen wollen, schlafen Sie doch; wenn Sie aufstehen wollen, stehen Sie auf. Ich kann Sie gern um fünf wecken, aber ich begreife nicht, wieso es erst zum Ringkampf kommen muss!" Also hielt das kein Diener lange durch.

Kant musste wieder zum alten Diener gehen und ihn bitten: „Kommen Sie wieder! Und sterben Sie ja nicht vor mir, sonst werde ich mich umbringen müssen." Aber jedes Mal, wenn es wieder passierte, forderte der Diener mehr Lohn. Und so ging es immer weiter.

Eines Tages ging Kant zu Fuß zur Universität; es goss in Strömen, und einer seiner Schuhe blieb im Schlamm stekken. Er ließ den Schuh stecken, da er sich, wenn er versucht hätte, den Schuh frei zu bekommen, um ein paar Sekunden verspäten würde, und das durfte nicht sein. Er betrat den

Vorlesungsraum mit nur einem Schuh. Die Studenten starrten ihn an – was war in ihn gefahren? Sie fragten: „Was ist passiert?“ Er antwortete: „Einer meiner Schuhe ist im Schlamm stecken geblieben, aber ich darf mich nicht verspäten – so viele Leute stellen ihre Uhren nach mir! Wenn ich nach Hause gehe, werde ich ihn mir wiederholen, denn wer stiehlt schon *einen* Schuh?“

Nun, diese Leute haben keinen gesunden Menschenverstand mehr; sie leben in einer anderen Welt. Und als Logiker, also was seine theoretische Welt betrifft, ist er unschlagbar – seine Logik ist stets makellos. Aber in seinem Leben ... da ist er geradezu wahnsinnig. Als jemand ein Haus nebenan erwarb, wurde Kant krank, schwer krank. Die Ärzte waren ratlos, woran das liegen könne, denn ein Krankheitsherd war nicht zu finden. Kant aber schwebte in Lebensgefahr – ohne jede Ursache!

Bis einer seiner Freunde vorbei kam und sagte: „Da ist kein Problem. Soweit ich sehe, hat jemand das Nachbarhaus gekauft, und jetzt sind seine Büsche so hoch gewachsen, dass sie Kants Fenster verdecken. Und zu seinem felsenfesten Tagesablauf gehörte auch, sich zur Zeit des Sonnenuntergangs ans Fenster zu stellen und dem Sonnenuntergang zuzuschauen. Jetzt sind die Büsche so hoch gewachsen, dass sie das Fenster verdecken. Dies und nichts anderes ist der Grund seiner Krankheit: Sein Tagesablauf ist gestört, und damit ist sein ganzes Leben gestört.“

Da stand Kant auf und sagte: „Ich hab mir auch Gedanken darüber gemacht, was mit mir nicht in Ordnung sein mag, warum ich krank bin. Denn die Ärzte können nichts finden. Du hast recht, es liegt an diesen Büschen. Seitdem sie so gewachsen sind, habe ich den Sonnenuntergang nicht mehr gesehen. Mir hatte etwas gefehlt, nur wusste ich nicht, was es genau war, das mir fehlte."

Man wandte sich an die Nachbarn, und sie waren einverstanden: Nur dieser Büsche wegen durfte ein so bedeutender Philosoph doch nicht sterben! ... Sie beschnitten die Büsche, und am nächsten Tag war Kant wieder ganz der Alte. Sein Tagesablauf war gestört worden. Sobald er sich befreit seiner Kontemplation widmen konnte, war alles in Ordnung. Er wünschte sich sein Leben nahezu roboterhaft, sodass sein Geist absolut frei wäre vom gewöhnlichen, alltäglichen Kram.

Aber Religiosität ist nicht Versenkung. Sie ist nicht Konzentration. Sie ist Meditation.

Doch es gilt, Meditation im Sinne von *dhyana* zu verstehen; denn das englische Wort *meditation* weckt wieder nur eine falsche Vorstellung. Versucht zunächst zu verstehen, was es in der englischen Sprache selber bedeutet, denn wenn ihr von Meditieren sprecht, kann man euch fragen: „Worüber? Worüber meditierst du?" Es muss ein Objekt haben, das Wort selber impliziert ein Objekt. Zum Beispiel antwortest du: „Ich meditiere über die Schönheit oder über die Wahrheit oder über Gott." Aber du kannst nicht einfach sagen: „Ich meditiere." Für das englische Ohr ist der Satz unvollständig, du musst sagen worüber, worüber du meditierst. Und das ist das Problem. *Dhyana* heißt „Ich bin in Meditation" ... nicht einmal „Ich meditiere." Noch näher dran wäre „Ich bin Meditation" – das entspräche *dhyana*. Als man in China kein Wort finden konnte, entlehnte man das ursprüngliche Wort der Buddhisten, *jhana*.

Buddha gebrauchte *jhana*, was die Entsprechung in Pali von *dhyana* ist. Buddha sprach die Sprache des Volkes als

Teil seiner Revolution; denn er sagte: „Die Religion muss sich der einfachen, gewöhnlichen Umgangssprache bedienen. Dann kann man einfach auf die Priesterschaft verzichten; sie ist überflüssig. Dann versteht das Volk seine heiligen Schriften, versteht das Volk seine Sutren, versteht das Volk, worum es geht. Man braucht keinen Priester."

Der Priester ist nur deshalb nötig, weil er eine andere Sprache spricht, die das Volk nicht kennt, und er immer auf der Vorstellung besteht, Sanskrit sei die Sprache Gottes und die dürfe nicht jeder lesen. Es ist eine Fachsprache, genau wie die eines Arztes. Habt ihr je darüber nachgedacht? Warum werfen Ärzte immer mit lateinischen und griechischen Wörtern um sich? Was soll diese Dummheit? Sie sprechen weder Griechisch noch Latein, aber die Bezeichnungen für ihre Arzneien und Krankheiten sind immer in Griechisch und Latein. Diesen Trick haben sie mit den Priestern gemein.

Würden sie ihre Rezepte in der Umgangssprache schreiben, könnten sie euch nicht so viel in Rechnung stellen wie sie es tun, weil ihr sagen würdet: „Dieses Rezept ... soll ich dafür etwa zwanzig Dollar zahlen?" Und der Apotheker oder Drogist kann auch nicht so viel kassieren, weil sie wissen, dass der Kunde dasselbe auf dem Markt für einen Dollar kriegen kann – „und Sie wollen fünfzig Dollar dafür?!" Aber auf Lateinisch und Griechisch wisst ihr nicht, was es ist. Wenn „Zwiebel" dastünde, würdet ihr sagen: „Soll das ein Witz sein?" Aber wenn es auf Griechisch und Lateinisch dasteht, wisst ihr nicht, was es heißt; das wissen nur der Arzt oder der Apotheker.

Und ihre Handschrift hat es ebenso in sich. Es muss so hingekrakelt sein, dass man es nicht entziffern kann. Könntet ihr es lesen, dann könnt ihr in nachschlagen und herausfinden, was es heißt. Es muss so unleserlich sein, dass kein Mensch dahinterkommt.

Buddha rebellierte gegen Sanskrit und benutzte Pali. Auf Pali wird *dhyana* zu *jhana. Jhana* gelangte nach China und wurde zu *ch'an.* Als es Japan erreichte, wurde *Zen* daraus, ist aber dasselbe Wort wie *dhyana.* Und wir benutzen hier das Wort „Meditation" im Sinne von *dhyana* – also gibt es da nichts, worüber man meditieren soll. Im Englischen ist Meditation etwas zwischen Konzentration und Kontemplation. Konzentration spitzt zu; Kontemplation umfasst einen weiteren Bereich, und Meditation ist ein Teil dieses Bereiches. Wenn beim Kontemplieren eines bestimmten Themas Dinge auftauchen, die mehr Aufmerksamkeit erfordern, meditiert man. Das ist es, was Meditation im Englischen bedeutet. Konzentration und Kontemplation sind zwei Pole – genau dazwischen liegt Meditation. Aber wir benutzen hier das Wort nicht im englischen Sinne, sondern verleihen ihm einen völlig neuen Sinn.

Ich möchte euch eine Geschichte erzählen, die ich seit jeher liebe und die erklären wird, was Meditation ist …

Drei Männer machen einen Morgenspaziergang. Sie sehen einen buddhistischen Mönch auf einem Berg stehen, und zum Zeitvertreib beginnen sie, darüber zu diskutieren, was der Kerl tue. Der eine sagt: „Soweit ich sehen kann, erwartet er jemanden und wartet auf ihn. Vielleicht ist er einem Freund vorausgeeilt und wartet nun darauf, dass der ihn einholt."

Der zweite Mann sagt: „Auf mich wirkt er anders. Denn wartete er auf einen Nachkommenden, sähe er sich ab und zu nach ihm um, ob er denn endlich komme und wie lange er noch warten müsse. Aber dieser Mann sieht nie zurück, sondern steht einfach nur da. Ich glaube nicht, dass er jemanden erwartet. Mein Gefühl ist, dass diese Buddhisten sich Kühe halten.“ In Indien haben die Buddhisten eine Kuh für die Milch zum Morgentee, denn sonst müssten sie jeden Morgen um eine Tasse Tee betteln gehen.

„Ich glaube“, sagte der zweite, „dass sich seine Kuh verlaufen hat und er jetzt nach ihr Ausschau hält.“

Der dritte Mann sagt: „Das sehe ich anders. Denn jemand, der nach einer Kuh sucht, steht nicht da wie eine Statue; er muss rumlaufen, muss hier und da nachschauen. Der hier wendet nicht einmal sein Gesicht von einer Seite zur anderen. Mal abgesehen vom Gesicht, selbst seine Augen sind halb geschlossen!“

Um den Mann genauer erkennen zu können, gehen sie näher an ihn heran, und der dritte Mann sagt: „Ich glaub, ihr irrt alle beide; ich glaube, er meditiert. Aber wie sollen wir entscheiden, wer recht hat?“

Sie sagen: „Kein Problem! Wir sind ja nahe genug dran, wir können ihn fragen.“

Der erste Mann fragt den Mönch: „Erwartest du hier einen Freund, der zurückgeblieben ist?“

Der Buddhist schlägt die Augen auf und sagt: „Erwarten? Ich erwarte nie etwas. Irgendetwas zu erwarten ist gegen meine Religion!“

Der Mann sagt darauf: „Wer redet denn vom Erwarten. Sag mir nur, kommt einer nach?“

Der Mönch erwidert: „Meine Religion lehrt mich, dass man sich nicht einmal der nächsten Sekunde sicher sein kann. Wie könnte ich warten? Wer hätte Zeit zu warten? Ich warte nicht.“

Der Mann lässt nicht locker: „Erwarten oder Warten – ich kenn deine Sprache nicht. Sag mir nur: Kommt irgendein Freund nach?"

Er bekommt zur Antwort: „Wieder dasselbe. Ich habe keine Freunde auf der Welt. Ich habe keine Feinde auf der Welt – die gehören schließlich zusammen. Wie soll man den einen vom andern unterscheiden? Kannst du nicht sehen, dass ich ein buddhistischer Mönch bin? Ich habe weder Feind noch Freund. Nun sei so nett und lass mich endlich in Ruhe."

Der zweite sieht jetzt seine Chance gekommen und sagt: „Ich hab ihm gleich gesagt: ‚Red keinen Unsinn, der wartet nicht und erwartet niemanden, er ist ein buddhistischer Mönch, er hat weder Freunde noch Feinde.' Genau wie du sagst. Ich glaub eher, du hast deine Kuh verloren?"

Der Mönch darauf: „Du bist noch dümmer als dein Vorgänger. Eine Kuh? Ein buddhistischer Mönch besitzt nichts. Und warum sollte ich nach der Kuh eines anderen suchen? Ich selber besitze keine Kuh."

Das war dem Mann peinlich, aber was soll's.

Da sah der dritte seinen Moment gekommen und sagte: „Also hab ich recht gehabt! Wie ich sehe, meditierst du?"

Der Mönch sagt: „Unsinn! Meditieren ist doch nichts, was man tut. Man meditiert nicht, man ist Meditation. Um die Wahrheit zu sagen und damit ihr euch keine falschen Vorstellungen macht: Ich tue nichts. Hier zu stehen ohne etwas zu tun, gibt es etwas dagegen einzuwenden?"

Sie sagten: „Nein, dagegen ist nichts einzuwenden, es kommt uns nur sinnlos vor – hier herumzustehen, ohne etwas zu tun."

„Aber genau das", sagt er, „*ist* Meditation. Dazusitzen,

nichts zu tun. Weder körperlich noch geistig etwas zu tun."

Sobald man anfängt etwas zu tun, geht man entweder in Kontemplation oder in Konzentration oder in Aktion – und entfernt sich damit immer weiter von seiner Mitte. Erst wenn man überhaupt nichts tut – körperlich, geistig, auf keiner Ebene – und jegliches Tun aufgehört hat und man einfach nur da ist, nur noch ist, kann man von Meditation sprechen. Man kann es nicht machen, man kann es nicht praktizieren; man muss es verstehen.

Wann immer ihr euch die Zeit nehmen könnt, nur da zu sein, unterlasst alles Tun. Auch Denken ist Tun, auch Konzentration ist Tun, auch Kontemplation ist Tun. Wenn ihr auch nur einen einzigen Augenblick lang nichts tut und in eurer Mitte seid, vollkommen entspannt – ist das Meditation. Und sobald ihr den Bogen raus habt, könnt ihr so lange in diesem Zustand verweilen wie ihr wollt; bis ihr am Ende dann rund um die Uhr in diesem Zustand bleiben könnt. Sobald euch bewusst geworden ist, auf welchem Wege euer Sein ungestört bleiben kann, könnt ihr nach und nach anfangen, etwas zu tun, und dabei darauf achten, dass euer Sein nicht aufgerührt wird.

Das ist der zweite Teil des Meditierens. Lernt zunächst, da zu sein, und lernt dann kleine Tätigkeiten: den Boden zu wischen, zu duschen, aber dabei in eurer Mitte zu bleiben. Danach könnt ihr komplizierte Dinge tun.

Zum Beispiel spreche ich zu euch, aber das stört nicht meine Meditation. Ich kann so lange sprechen, wie ich mag, aber in meiner Mitte kräuselt sich nicht die kleinste Welle; sie ist einfach still, absolut still. Meditation schließt das Tun also nicht aus. Es ist nicht so, dass ihr vor dem Leben davonlaufen sollt. Es lehrt euch nur eine neue Lebensweise: Zum

Auge des Wirbelsturms zu werden. Das Leben geht weiter, ja geht viel intensiver weiter – mit mehr Freude, mit mehr Klarheit, mehr Weitsicht, mehr Kreativität ... doch du stehst drüber, bist nur ein Beobachter auf den Bergen, siehst einfach nur alles, was ringsum geschieht.

Darin liegt das ganze Geheimnis der Meditation – dass du zum Beobachter wirst. Alles Tun geht auf seiner eigenen Ebene weiter, völlig problemlos: du hackst Holz, ziehst Wasser aus dem Brunnen hoch. Du kannst alle möglichen Dinge tun, kleine wie große; nur eines darfst du auf keinen Fall – deine Mitte verlieren. Diese Bewusstheit, diese Aufmerksamkeit muss auf jeden Fall unvernebelt und ungestört bleiben. Meditation ist etwas ganz Unkompliziertes.

Konzentration ist sehr kompliziert, da du dich dazu zwingen musst – was ermüdet. Kontemplation ist etwas leichter, da du dabei mehr Bewegungsfreiheit hast. Du zwängst dich nicht durch ein winziges Loch, das immerzu enger wird.

Konzentration hat einen Tunnelblick. Habt ihr schon mal in einen Tunnel geschaut? Auf der einen Seite, wo du stehst, ist er groß. Aber wenn der Tunnel drei Kilometer lang ist, sieht die andere Seite wie ein winziges rundes Licht aus, sonst nichts. Je länger der Tunnel, desto kleiner wirkt das andere Ende. Je bedeutender der Wissenschaftler, desto länger der Tunnel, und umso kleiner wird das andere Ende sein. Er muss fokussieren, und Fokussieren ist immer eine Anspannung. Sich zu konzentrieren ist für den Geist nicht natürlich. Der Geist ist ein Vagabund, er schweift gern umher, von hier nach da. Alles Neue begeistert ihn. Konzentration ist für ihn praktisch eine Zwangsjacke.

Im Zweiten Weltkrieg verfiel man darauf, ich weiß nicht warum, die Gefangenenlager „Konzentrationslager" zu nennen. Sie wussten wohl, was sie damit meinten: Sie brachten alle möglichen Gefangenen hin und „konzentrierten“ sie dort. Dabei bedeutet Konzentration im Grunde, all seine geistigen und körperlichen Energien auf einen winzigen Punkt zu lenken. Das erschöpft. Kontemplation hat da mehr Spielraum, darf sich frei bewegen, wenn auch in einem überschaubaren, begrenzten Raum.

Meditation hat, wenn ihr mich fragt, allen Raum, die gesamte Existenz zur Verfügung. Du bist der Beobachter, du bist einfach nur da und schaust zu, du gibst dir keinerlei Mühe, dich zu konzentrieren, du gibst dir keinerlei Mühe, irgendetwas zu kontemplieren. Du tust nichts von alledem, du bist einfach nur da und beobachtest, einfach bewusst. Es ist ein „Dreh“, keine Wissenschaft, keine Kunst, kein Handwerk, sondern ein Dreh.

Also braucht ihr nur immerzu weiter mit der Vorstellung zu spielen ... Spielt einfach, während ihr auf dem Klo sitzt, mit der Vorstellung, dass ihr gar nichts tut. Und eines Tages werdet ihr staunen: einfach nur dadurch, dass ihr mit der Vorstellung gespielt habt, ist es passiert – weil es eure Natur ist. Einfach im richtigen Augenblick ... und man kann nie wissen, was der richtige Augenblick ist, wann es am günstigsten ist ... also spielst du einfach immerzu weiter damit.

Henry Ford wurde einmal gefragt ... denn er hatte einmal erklärt: „Mein Erfolg beruht auf nichts anderem, als im richtigen Augenblick die richtige Chance beim Schopf zu packen. Die Leute projizieren Chancen immer in die Zukunft – dann bekommt man sie nie zu packen. Oder sie projizieren sie in die Vergangenheit. Erst wenn sie vorbei und verflogen sind, nehmen sie wahr, dass sie eine Chance verpasst haben.“

Als jemand ihn fragte: „Aber wenn man sich eine Chance weder in der Zukunft noch in der Vergangenheit vorstellt, wie kann man sie blitzschnell beim Schopfe packen, wenn sie kommt? Man muss doch darauf vorbereitet sein!“, sagte er: „Nicht vorbereitet sein – du musst einfach springen. Du weißt nie, wann sie kommt. Wenn sie kommt, springst du einfach!“

Was Henry Ford sagt, hat enorme Bedeutung. Er fuhr fort: „Du springst einfach immer wieder. Du wartest nicht ab; mach dir keine Gedanken, ob es wirklich eine Chance ist oder nicht: Spring einfach immer wieder. Man weiß nie, wann sie kommt. Wenn sie kommt, pack zu und nimm sie. Es hat keinen Zweck, die Zukunft im Kopf zu haben: ‚Wann krieg ich endlich eine Chance?‘ Die Zukunft ist nicht vorhersehbar. Mit der Erwartungshaltung: ‚Wenn sie kommt, werd ich sie packen‘, ist sie schon vorbei, eh du sie bemerkst. Die Zeit verfliegt so schnell, dass du ins Leere greifst. Schlag dir alle Chancen aus dem Kopf und übe lieber zu springen, egal wann sie kommt ...

Genau dasselbe sage ich euch: Spielt einfach mit der Vorstellung. Ich sage „spielt“ deswegen, weil ich ein unernster Mann bin und mein religiöser Ansatz unernst ist. Spielt einfach weiter ... und ihr habt Zeit genug. Jederzeit ... wenn ihr zum Beispiel im Bett liegt und nicht einschlafen könnt, dann spielt mit dieser Vorstellung. Vergesst den Schlaf – er kommt, wann er kommt; über den Schlaf habt ihr keine Macht, ihr habt ihn nicht in der Hand, also könnt ihr ihn vergessen. Dafür habt ihr jetzt Zeit zur Verfügung, warum sie nicht nutzen? Du liegst in einer kalten Nacht im Bett unter deiner Decke, wohlig und entspannt: Spiel einfach mit der Vorstellung. Du brauchst dich nicht in der Lotusstellung hinzusetzen. In meiner Auffassung von Meditation braucht man sich überhaupt nicht zu quälen.

Wenn dir die Lotusstellung gefällt, gut; dann setz dich so hin. Aber Leute, die aus dem Westen nach Indien kommen, brauchen sechs Monate, um die Lotusstellung zu lernen, und quälen sich damit furchtbar ab; und wenn sie die Lotusstellung erlernt haben, glauben sie, damit etwas erreicht zu haben. Ganz Indien sitzt in der Lotusstellung da – kein Mensch hat damit etwas erreicht. Es ist lediglich ihre Art zu sitzen. In einem kalten Land muss man sich auf einen Stuhl setzen, kann man nicht auf dem Boden sitzen. In einem heißen Land braucht man keinen Stuhl. Man kann sich überall hinsetzen. Man braucht keine besondere Stellung, man braucht keine besondere Zeit. Es gibt Leute, die besondere Zeiten für nötig halten. Nein, für Meditation ist jederzeit die richtige Zeit – du brauchst nur entspannt und spielerisch zu sein. Und wenn nichts passiert, macht das nichts; kein Grund zur Traurigkeit ... Ich verspreche euch ja nicht, dass es heute passiert, oder morgen, oder binnen drei Monaten oder sechs Monaten. Ich schüre keinerlei Erwartungen, denn die würden euch innerlich verspannen. Es mag irgendwann passieren, es mag nicht passieren ...

Es kommt nur darauf an, wie spielerisch du bist. Aber fang einfach an zu spielen – in der Badewanne, wenn es nichts zu tun gibt, warum nicht spielen? Du stehst unter der Dusche ohne etwas zu tun – die Dusche tut ihre Arbeit, du stehst einfach nur da; sei in diesen paar Momenten einfach verspielt ...

Du gehst die Straße entlang: Überlass das Gehen dem Körper, du bist nicht gefordert, das besorgen die Beine. Spiele, wann immer du dich entspannt und unverkrampft fühlst, mit der Vorstellung so zu meditieren, wie ich es euch erklärt habe. Sei einfach still, ruhe in dir selbst, und eines Tages … Und es gibt nur sieben Tage – nur keine Sorge! Also am Montag, Dienstag, Mittwoch, Donnerstag Freitag, Samstag oder spätestens am Sonntag, an einem dieser sieben Tage ist es dann irgendwann so weit. Hab einfach mit dieser Vorstellung Spaß und spiele mit ihr, so oft du kannst. Wenn nichts passiert – ich verspreche euch nichts! – wenn nichts passiert, ist das völlig in Ordnung, du hast deinen Spaß gehabt, hast mit der Vorstellung gespielt, ihr eine Chance gegeben. Gib ihr immer wieder eine Chance.

Henry Ford hat gesagt: „Du musst ständig springen, und wenn sich die Gelegenheit bietet, pack sie beim Schopfe."

Ich sage genau das Gegenteil: Gib der Meditation immerzu weiter eine Chance, und wenn der richtige Moment kommt und du entspannt und offen bist, packt *sie* dich beim Schopfe!

Und wen die Meditation beim Schopfe packt, den lässt sie nie wieder los. Völlig ausgeschlossen. Überlegt es euch also gut, bevor ihr anfangt, damit zu spielen.

2. Kapitel

MEDITATION IST DEINE NATUR

Ist Meditation eine Technik, die man praktizieren kann?
Ist es eine Anstrengung, die man machen muss?
Ist es etwas, das der Verstand zu leisten vermag?

NEIN, IST ES NICHT. WAS IMMER DER VERSTAND ZU LEISTEN vermag, kann nicht Meditation sein – sie ist etwas jenseits vom Verstand. In der Hinsicht ist der Verstand völlig hilflos. Der Verstand kann Meditation nicht fassen. Dort, wo der Verstand endet, beginnt Meditation. Das darf man nicht vergessen; denn alles, was wir in unserm Leben tun, das tun wir durch den Verstand; alles, was wir leisten, leisten wir durch den Verstand. Und wenn wir uns dann nach innen wenden, möchten wir auch wieder Techniken, Methoden, Verfahren haben, denn unsere ganze Lebenserfahrung beweist uns, dass alles mit dem Verstand zu bewerkstelligen ist.

Ja, außer Meditation kann man alles bewerkstelligen ... nur nicht Meditation. Denn Meditation ist keine Leistung – sie ist bereits da, sie ist deine Natur. Da gibt es nichts zu leisten, das muss man nur erkennen, man muss sich nur daran erinnern. Sie ist da und wartet auf dich – wende dich nur nach Innen und schon ist sie da. Du bringst sie von allem Anfang her mit.

Meditation ist dein eigentliches Wesen – das bist du; sie ist dein Wesen, es hat nichts mit deinem Handeln zu tun.

Du kannst sie nicht haben, man kann sie nicht nicht haben, man kann sie nicht besitzen. Sie ist kein Ding. Sie ist, was du bist. Sie ist dein Wesen. Sobald du verstehst, was Meditation ist, wird alles ganz klar. Andernfalls kannst du weiter im Dunkeln tappen.

Meditation ist ein Zustand der Klarheit, keine Verfassung des Verstandes. Verstand heißt Verwirrung. Der Verstand ist nie klar, kann es gar nicht sein. Gedanken nebeln dich ein – sie sind feinstoffliche Wolken. Durch sie entsteht ein Dunst, und alle Klarheit ist hin. Wenn sich die Gedanken verziehen, wenn du nicht mehr umwölkt bist, wenn du in deinem einfachen Sosein bist, setzt Klarheit ein. Dann kannst du bis in die Ferne sehen, dann kannst du bis ans Ende der Welt sehen; dann wird dein Blick alles durchdringen – bis hinein in den innersten Kern des Seins. Meditation heißt Klarheit, absolut klare Sicht. Ihr könnt darüber nicht nachdenken. Ich müsst aufhören zu denken. Wenn ich sage: „Ihr müsst aufhören zu denken", dann kommt zu keinem voreiligen Schluss – schließlich muss ich mich der Sprache bedienen. Also sage ich: „Hört auf zu denken", aber wenn ihr jetzt absichtlich damit aufhört, wird das nichts bringen, denn dann habt ihr es wieder auf ein Tun reduziert.

„Hört auf zu denken" heißt lediglich: Tut überhaupt nichts. Setzt euch hin. Lasst die Gedanken sich von selber legen. Du sitzt nur da und starrst die Wand an, in einer stillen Ecke, ohne irgendetwas zu tun. Entspannt. Locker. Ohne jede Mühe. Ohne irgendwo hinzumüssen. So als würdest du mit offenen Augen einschlafen … du bist wach und du entspannst dich, aber der ganze Körper schläft ein. Du bleibst innerlich hellwach, aber im ganzen Körper breitet sich tiefe Entspannung aus.

Die Gedanken legen sich ganz von selbst, du brauchst nicht dazwischen zu springen, du brauchst sie nicht zu maßregeln. So wie wenn ein Gebirgsbach schmutzig geworden ist … was machst du da? Springst du rein und hilfst dem Bach wieder klar zu werden? Dann rührst du nur noch mehr Schlamm auf. Du setzt dich einfach ans Ufer. Du wartest. Es braucht nichts getan zu werden. Denn alles, was du tust, verschlammt den Bach nur noch mehr. Wenn ihn einer durchwatet hat und dabei totes Laub und Schlamm aufgewühlt hat, braucht man nur Geduld. Du setzt dich einfach ans Ufer, schaust zu, unbeteiligt. Und der Bach fließt dahin und nimmt die toten Blätter mit, und der Schlamm setzt sich wieder, weil er nicht ewig da bleiben kann. Nach einer Weile wird dir plötzlich bewusst: Der Bach ist wieder kristallklar!

Wann immer ein Verlangen auftaucht, wird der Bach schlammig. Also brauchst du dich bloß hinzusetzen; misch dich nicht ein. In Japan wird dieses „Nur-Sitzen“ *Zazen* genannt: Du sitzt nur da und tust nichts. Und eines Tages ist die Meditation da. Nicht, dass du sie dir holen kannst: Sie kommt zu dir. Und wenn sie kommt, erkennst du sie sofort; sie ist schon immer da gewesen, aber du hast nicht in die richtige Richtung geschaut. Du hattest den Schatz bei dir, aber du warst irgendwo anders beschäftigt: mit Gedanken, mit Wünschen, mit tausenderlei Dingen. Das einzig Wahre interessierte dich nicht … nämlich dein eigenes Wesen.

Wenn die Energie sich nach innen kehrt – was Buddha *parabvrutti* nennt, die Rückkehr deiner Energie zur Quelle – herrscht plötzlich Klarheit. Dann kannst du Wolken tausend Meilen entfernt sehen und kannst uralte Musik in den Kiefern hören. Dann steht dir alles offen.

Was den Verstand betrifft, gilt es ein paar Dinge zu verstehen. Denn je besser du dich in der Mechanik des Verstandes auskennst, desto größer die Wahrscheinlichkeit, dass du dich nicht einmischen wirst. Je besser du dich in der Funktionsweise des Verstandes auskennst, desto größer die Wahrscheinlichkeit, dass du in *Zazen* sitzen kannst – dass du einfach dazusitzen und nichts zu tun vermagst; dass du es schaffst, einfach nur dazusitzen und nichts zu tun, dass du in der Lage sein wirst, die Meditation einfach geschehen zu lassen. Sie geschieht von sich aus.

Aber die Einsicht in den Verstand wird dir weiterhelfen, andernfalls könntest du Dinge tun, die den Verstand erst recht anspornen, die dem Verstand auf die Sprünge helfen.

Das Erste, was den Verstand angeht: Er ist ein ewiges Plappermaul. Du magst reden oder nicht, er redet innerlich weiter. Du magst wach sein oder schlafen – das innere Geplapper bildet die Unterströmung. Du magst irgendeine Arbeit verrichten, aber das innere Geplapper geht weiter; ob du Auto fährst oder im Garten ein Loch gräbst – das innere Geplapper geht weiter. Der Verstand plappert ununterbrochen. Wenn dieses innere Geplapper auch nur einen einzigen Augenblick aussetzen kann, wirst du einen Schimmer vom Nicht-im-Verstand-sein bekommen können. Nur darum geht es beim Meditieren. Der Zustand des Nicht-im-Verstand-sein ist der richtige Zustand. Das ist dein Zustand.

Aber wie gelangt man zu einer Lücke, wo der Verstand aufhört, innerlich zu plappern? Wenn du es versuchst, machst du es falsch. Aber du brauchst es gar nicht zu versuchen. Tatsächlich kommt die Lücke andauernd wieder – du brauchst nur ein wenig aufzupassen. Zwischen zwei

Gedanken entsteht eine Lücke, ja sogar zwischen zwei Wörtern klafft ein Abstand. Andernfalls würden die Wörter nahtlos ineinander laufen; andernfalls würden die Gedanken einander überlappen. Sie überlappen nicht.

Egal was du sagst ... zum Beispiel „Eine Rose ist eine Rose ist eine Rose.“ Zwischen zwei Wörtern gibt es immer einen Abstand; zwischen „eine“ und „Rose“ ist eine Lücke, egal wie klein, egal wie unsichtbar, egal wie unmerklich. Aber die Lücke ist da, sonst würden „eine“ und „Rose“ ineinander übergehen. Mit nur einem Funken Wachheit, mit nur einem Funken Geistesgegenwart kannst du die Lücke erkennen: Eine-Rose-ist-eine-Rose-ist-eine-Rose. Die Lücke kommt ständig wieder, nach jedem Wort kommt die Lücke wieder.

Man muss anders sehen lernen, die „Gestalt ändern“, wie Fritz Perls sagt. Normalerweise achtet man nur auf die Wörter und nicht auf die Lücken. Man sieht das eine, man sieht die Rose, aber man sieht nicht die Lücke dazwischen. Polt eure Sehweise um. Habt ihr das schon mal gesehen? Es gibt Bilder, die man auf zweierlei Weise sehen kann: Erst als alte Frau, aber wenn man lange genug hinsieht, „kippt“ das Bild plötzlich und eine schöne junge Frau erscheint. Dieselben Linien umreißen beide Gestalten – einmal als Gesicht einer Alten, ein andermal als Körper einer jungen Schönen, die sich abwendet. Starrt man auf die Junge, taucht wieder die Alte auf ... denn der Verstand kann bei nichts länger verweilen – er muss fließen. Und wenn man lange auf das alte Gesicht starrt, taucht wieder die Junge auf.

Nur eines fällt auf: Sieht man das alte Gesicht, kann man die junge Dame nicht sehen, auch wenn man weiß, dass sie da irgendwo drinsteckt – das weißt du, das hast du gesehen.

Und wenn du die Junge siehst, wird das alte Gesicht unsichtbar; es verschwindet, obwohl du weißt, dass es da ist!

Du kannst nicht beides zugleich sehen. Sie sind Gegensätze. Man kann sie nicht zusammen sehen. Wenn du auf die Figur siehst, verschwindet der Hintergrund; wenn du den Hintergrund siehst, verschwindet die Figur. Der Verstand hat eine beschränkte Aufnahmefähigkeit – Widersprüchliches kann er nicht erkennen. Darum kann er Gott nicht erkennen. Gott ist widersprüchlich; darum kann er auch nicht den innersten Kern deines Seins erkennen – er ist widersprüchlich, er umfasst alle Widersprüche, er ist paradox.

Der Verstand kann immer nur Eines zur Zeit sehen, gleichzeitig das Gegenteil wahrzunehmen ist nicht möglich. Wenn man das Gegenteil sieht, verschwindet Ersteres. Der Verstand schaut immer nur auf die Wörter, und so kann er die Stille, die auf jedes Wort folgt, nicht sehen. Verlagert euren Fokus. Achtet, wenn ihr still dasitzt, auf die Lücken. Ganz mühelos ... ihr braucht euch nicht anzustrengen. Entspannt, einfach gelassen ... spielerisch, nur so zum Spaß. Werdet deshalb nicht religiös, sonst macht euch das ernst, und wer ernst wird, hat es sehr schwer, von Worten zu Nicht-Worten überzugehen. Wer aber locker bleibt – fließend, unernst, spielerisch, so als wäre es nur zum Spaß – dem fällt es ganz leicht.

Millionen von Menschen müssen ohne Meditation auskommen, nur weil Meditation eine verkehrte Bedeutung bekommen hat. Sie wirkt ernst, finster, riecht irgendwie nach Kirche, als wäre Meditation nur was für Tote oder Halbtote, die bedrückt und ernst sind, lange Gesichter ziehen und die keinen Sinn mehr für Feiern, Spaß, Spielerei und Freude haben. Aber genau das sind die Eigenschaften von Meditation! Ein wahrhaft meditativer Mensch ist heiter. Er lebt gern, für ihn ist das Leben ein Spiel – *leela.* Er genießt es grenzenlos. Er ist nicht ernst. Er ist entspannt.

Setzt euch still hin, entspannt, locker und gestattet eurer Aufmerksamkeit einfach nur, sich auf die Lücken zu richten. Gleitet von den Rändern der Wörter in die Lücken dazwischen. Lasst diese in den Vordergrund treten und die Wörter verblassen. Es ist genauso, wie wenn ihr auf eine Tafel schaut und ich einen kleinen weißen Punkt darauf setze: Ihr könnt entweder den Punkt sehen, dann tritt die Tafel weit zurück, oder Ihr könnt auf die Tafel schauen, und der Punkt wird nebensächlich, zu etwas Verschwommenem. Dann könnt Ihr eure Aufmerksamkeit abwechselnd mal auf das Zeichen, mal auf den Hintergrund richten.

Wörter sind bloße Zeichen; die Stille ist der Hintergrund. Wörter kommen und gehen: Stille bleibt. Als du geboren wurdest, kamst du als Stille zur Welt – lauter Intervalle, Lücken um Lücken. Du brachtest eine unendliche Stille mit, kamst mit einer grenzenlosen Stille ins Leben – dann fingst du an, Wörter zu sammeln.

Darum kommst du, wenn du dich zurückerinnern möchtest, nicht weiter als bis zum vierten Lebensjahr. Denn davor warst du praktisch leer. Erst ab vier fangen die Wörter an, sich in deinem Gedächtnis zu sammeln. Das Gedächtnis funktioniert nämlich nur über die Sprache; Leere hinterlässt in dir keine Spur. Darum setzt die Rückerinnerung erst mit dem vierten Lebensjahr ein. Oder, wenn du sehr intelligent warst, kannst du dich bis ins dritte Lebensjahr zurückerinnern. Aber es kommt immer ein Punkt, da die Erinnerung plötzlich abbricht. Bis dahin warst du eine Leere; rein, unberührt, unverdorben von Wörtern. Du warst ein klarer Himmel. An deinem Todestag werden die Wörter wieder abfallen und sich verstreuen; du wirst in eine andere Welt oder mit deiner Leere wieder in ein neues Leben eingehen.

Die Leere ist dein Selbst.

Dazu fällt mir eine Geschichte ein, die Shankara oft von einem Schüler erzählt hat, der seinen Meister immer wieder nach dem eigentlichen Selbst befragte. Jedes Mal, wenn er das fragte, stellte der Meister sich taub – bis er sich eines Tages dem Schüler zuwandte und sagte: „Ich mache es dir ständig vor, aber du bist unbelehrbar. Das Selbst ist Stille."

Verstand heißt Wörter; Selbst heißt Stille. Der Verstand besteht nur aus all den Wörtern, die du gespeichert hast; die Stille ist das, was von jeher bei dir war, was nicht gespeichert wurde. Das ist die Bedeutung von „Selbst" – deine innerste Beschaffenheit. Auf dem Hintergrund der Stille speicherst du immerzu Wörter, und die Gesamtheit aller Wörter nennt man „den Verstand". Stille ist Meditation. Man braucht nur die Gestalt zu verändern, den Akzent von den Wörtern auf die Stille zu verlagern – die immer da ist.

Jedes Wort ist wie eine Klippe: Du kannst von ihr aus einen Sprung ins Tal der Stille machen. Von jedem Wort aus kannst du in die Stille gleiten ... das ist der Sinn eines Mantras. Mantra heißt, ein einziges Wort ständig zu wiederholen, wieder und wieder, bis es dich langweilt, weil es nichts Neues mehr hat. Folglich hast du von diesem Wort die Nase voll, willst dieses Wort los sein. Langeweile hilft. Sie hilft dir, das Wort loszuwerden – jetzt kannst du leichter in die Stille schlüpfen.

Die Stille ist immer gleich um die Ecke. Wenn du ständig Ram – Ram – Ram vor dich her murmelst ... wie lange hältst du das aus? Früher oder später hast du es satt, langweilt es dich. Ein Mantra so einzusetzen, dass es dich anödet, dass du es los sein willst, ist schön. Denn das lässt dir keine andere Wahl als in die Stille zu tauchen. Lass das Wort hinter dir und mach dich durch die Lücke davon ... benutze das Wort als Sprungbrett, um in den Abgrund zu springen.

Wenn man die Wörter wechselt ... wie es normalerweise geschieht, ganz natürlich – hast du sie niemals satt. Ein neues Wort ist immer reizvoll; eine neue Idee ist immer reizvoll; ein neuer Traum, ein neues Verlangen ist immer reizvoll. Aber wenn du erkennst, dass der Verstand einfach immer nur ein und dasselbe wiederholt, schläfst du entweder ein oder springst in die Stille – das ist die Alternative. Und die meisten Leute, die Mantras praktizieren, schlafen, so viel ich weiß, ein. Auch das ist eine Möglichkeit, die uns seit Urzeiten bekannt ist: Mütter kennen sie gut. Wenn ihr Kind nicht einschläft, hilft ein Mantra – sie nennen es Wiegenlied. Sie wiederholen immerzu zwei, drei Wörter mit monotoner Stimme, und schon beginnt das Kind, müde zu werden. Mach weiter damit, dem Kind wird langweilig, und da es keine andere Wahl hat, nirgendwo hinlaufen kann, bleibt ihm nur noch das Einschlafen. Es sagt: „Mach weiter, mir fallen die Augen zu“ – und schläft ein.

Viele Mantra-Anhänger schlafen ein – weshalb die Transzendentale Meditation ein gutes Mittel für Leute ist, die an Schlaflosigkeit leiden. Das macht sie in Amerika so populär, wo Schlaflosigkeit der Normalfall ist. Je verbreiteter sie ist, desto populärer wird Maharishi Mahesh Yogi, denn die

Leute brauchen irgendein Schlafmittel. Ein Mantra ist zwar ein perfektes Schlafmittel, aber das ist nicht sein eigentlicher Zweck. Das ist, als würde man ein Flugzeug als Ochsenkarren benutzen – das ginge durchaus: Man braucht nur ein Ochsengespann vor ein Flugzeug zu setzen und schon ist es ein Ochsenkarren – nichts verkehrt daran, es wird einen kleinen Zweck erfüllen, aber dazu ist es nicht da. Man könnte damit sehr viel höher kommen.

Ein Mantra darf man nur im vollen Bewusstsein benutzen, dass es dazu dient, Langeweile zu erzeugen, und dass man aufpassen muss, nicht einzuschlafen. Andernfalls verfehlt man es. Schlaf nicht ein. Fahr fort mit dem Mantra und gestatte dir nicht, einzuschlafen. Daher ist es besser, das Mantra im Stehen zu wiederholen oder im Gehen, damit man nicht einschläft.

P. D. Ouspensky, einer der großen Schüler Gurdjieffs, lag im Sterben. Die Ärzte verlangten, er solle ruhen; aber er wollte nicht – stattdessen ging er die ganze Nacht herum. Sie glaubten, er sei verrückt geworden. Er starb bereits, seine Energie schwand zusehends ... was sollte das nur? Er brauchte dringend Ruhe, wenn er so weiter liefe, würde er noch eher sterben. Aber er hörte einfach nicht auf.

Jemand fragte ihn: „Weshalb machen Sie das?“

Er antwortete: „Ich möchte gern bei Sinnen sterben, wach. Ich möchte nicht im Schlaf sterben – sonst würde ich die Schönheit des Todes verfehlen. Und er starb im Gehen. Auf die Art und Weise setzt man ein Mantra ein: Gehen.

Wenn ihr mal nach Bodhgaya kommt, wo Gautama Buddha zur Erleuchtung gelangte, werdet ihr neben dem Bodhibaum einen schmalen Pfad finden. Auf diesem Pfad lief Buddha ununterbrochen. Erst meditierte er eine Stunde lang unter dem Baum, und danach lief er eine Stunde lang. Fragten ihn seine Schüler: „Warum?“, sagte er immer: „Weil ich, wenn ich zu lange unterm Baum sitze, müde werde.“ Sobald man von Müdigkeit überwältigt wird, muss man sich die Füße vertreten, weil man sonst einschläft und dann das ganze Mantra umsonst war. Das Mantra dient dazu, Langeweile zu erzeugen, das Mantra soll Überdruss erzeugen, damit man es schafft, in den Abgrund zu springen. Wenn du dich dem Schlaf überlässt, verpasst du den Abgrund.

Dieser Wechsel ist allen buddhistischen Meditationen gemein. Man setzt sich dabei – aber sobald du träge wirst, stehst du auf und beginnst, im Gehen zu meditieren; und sobald du merkst, dass die Trägheit verflogen ist, meditierst du wieder im Sitzen. Wenn du damit weitermachst, kommt ein Augenblick, da du dich plötzlich den Wörtern entziehst – gleich einer Schlange, die aus ihrer alten Haut schlüpft. Und das geschieht ganz natürlich, ohne alle Anstrengung.

Das Erste also, was du dir über den Verstand merken musst, ist: Er ist ein andauerndes Geplapper. Dieses Geplapper hält ihn am Leben, nicht weitermachen. Entzieh dich also den Fängen des Verstandes – anders gesagt: Entzieh dich dem inneren Geschwätz. Du kannst dich dazu zwingen, aber damit verfehlst du es erneut. Du kannst dich zwingen, mit dem inneren Gerede aufzuhören, genauso wie du dein äußeres Reden einstellen kannst – du kannst eine erzwungene Stille schaffen. Anfangs ist das zwar schwer, aber wenn du beharrlich bleibst, kannst du deinen Verstand zum Schweigen bringen. Das ist möglich.

Wenn ihr in den Himalaja geht, werdet ihr viele Leute finden, die das geschafft haben, aber ihr werdet ihre Gesichter abgestumpft finden, ohne Intelligenz. Sie haben ihren Verstand nicht hinter sich gelassen, sondern lediglich abgestumpft. Sie haben zu keiner lebendigen Stille gefunden, sie haben lediglich ihren Verstand überwältigt und kontrolliert. So wie man einen kleinen Jungen zwingen kann, reglos in der Ecke zu sitzen. Seht ihn euch an: Er fühlt sich rastlos, aber er reißt sich zusammen, kontrolliert sich aus Angst aber weiter. Er unterdrückt seine Energie, damit man ihn nicht bestraft. Wenn das so weitergeht, wie es üblich ist – in den Schulen müssen Kinder fünf oder sechs Stunden lang stillsitzen – werden sie nach und nach abstumpfen, geht ihre Intelligenz verloren.

Jedes Kind kommt intelligent zur Welt und praktisch neunundneunzig Prozent aller Menschen sterben dumm. Die gesamte Erziehung erstickt den Geist – und du selbst kannst es auch machen. Ihr werdet feststellen, dass fromme Leute nahezu verblödet sind – obwohl ihr das vielleicht aufgrund eurer Vorstellungen über sie verkennt. Aber wenn ihr sie unvoreingenommen anseht ... ihr braucht euch nur einmal die traditionellen Sannyasins anzuschauen – und ihr werdet erkennen, wie dumm und idiotisch sie sind; ihr werdet keinerlei Spur von Intelligenz oder Kreativität finden. Indien hat viel gelitten dieser Leute wegen. Sie haben so unkreative Verhältnisse geschaffen, dass Indien am Existenzminimum lebt. Lähmung ist nicht Meditation.

In einer kleinen amerikanischen Kirche ruft der Prediger beim Erweckungsgottesdienst aus: „Ich fordere alle zerknirschten Ehemänner auf: Steht auf!“

Alle Männer erheben sich aus den Bänken – bis auf einen.

„Ach!", ruft der Evangelist: „Du bist einer von Millionen!"

„Ach was, ich kann nur nicht aufstehen", sagt der Mann. „Ich bin gelähmt."

Man darf Meditation nicht mit Lähmung verwechseln. Lähmung ist ungesund. Man kann den Verstand lähmen – wir verfügen über Millionen Tricks, um ihn zu lähmen. Die Leute betten sich auf Dornen. Wer ewig auf einem Dornenbett liegt, dessen Körper wird gefühllos. Es ist kein Wunder. So stumpft man nur seinen Körper ab. Wessen Körper seine Lebendigkeit einbüßt, hat kein Problem damit – für den ist es überhaupt kein Dornenbett. Ja, er mag es irgendwann sogar bequem finden, und würde man ihm stattdessen ein schön bequemes Bett anbieten, er bekäme darin kein Auge zu. Das heißt es, den Körper zu lähmen.

Es gibt ähnliche Methoden um den Geist zu lähmen. Man kann fasten. Dann protestiert der Verstand zwar, wie hungrig der Körper ist und dass du ihm nichts zu essen gibst, aber du hörst einfach nicht hin. Nach und nach stumpft der Verstand ab. Der Körper hat nach wie vor Hunger, aber der Verstand leitet es nicht weiter. Wozu denn auch? Es hört ihn ja doch keiner, es gibt ja doch keiner Antwort. Dann befällt ihn eine gewisse Lähmung. Viele Menschen, die lange Zeit gefastet haben, meinen einen Zustand der Meditation erreicht zu haben. Das ist nicht Meditation; nur schwache Energie, Lähmung, Mangel an Sensibilität. Sie laufen herum wie Leichen. Sie sind nicht lebendig. Vergesst nicht: Meditation führt zu mehr und mehr Intelligenz, zu grenzenloser Intelligenz, strahlender Intelligenz.

Meditation wird dich immer lebendiger und feinfühliger machen; sie wird dein Leben bereichern.

Seht euch die Asketen an: Ihr Leben ist kaum noch ein Leben zu nennen. Diese Leute sind keine Meditierer. Sie mögen Masochisten sein, die sich selber quälen und die Qual genießen … der Verstand ist sehr gerissen; er macht, wozu er Lust hat, und versteht es zu rationalisieren. Normalerweise seid ihr gewaltsam gegen andere, aber der Verstand ist sehr gerissen – er kann Gewaltlosigkeit erlernen, kann Gewaltlosigkeit predigen. Dann geht die Gewalt gegen euch selbst. Und die Gewalt, die man sich selber antut, ist bei den anderen angesehen, weil sei die Vorstellung haben, dass Askese etwas Religiöses sei. Barer Unsinn.

Gott ist kein Asket – sonst gäbe es keine Blumen, gäbe es keine grünen Bäume, nur Wüsten. Gott ist kein Asket – sonst gäbe es keinen Gesang im Leben, keinen Tanz im Leben, sondern nur Friedhöfe über Friedhöfe. Gott ist kein Asket; Gott genießt das Leben.

Gott ist epikuräischer, als ihr euch vorstellen könnt. Wenn ihr euch Gott vorstellt, dann stellt ihn euch als Epikur vor. Gott ist unermüdlich auf der Suche nach mehr Glück, Freude, Ekstase … Erinnert euch daran.

Aber der Verstand ist sehr gerissen. Er kann Lähmung als Meditation ausgeben; er kann Stumpfheit als Transzendenz ausgeben; er kann Abgestorbenheit als Verzicht ausgeben. Passt auf! Denkt immer daran, dass ihr, wenn ihr in die richtige Richtung geht, ständig weiterblüht. Ihr werdet einen großen Duft verströmen und ihr werdet schöpferisch sein. Und ihr werdet feinfühlig sein für das Leben, für die Liebe – und für alles, was Gott euch zu bieten hat. Erforscht euren Geist mit scharfen Augen – erkennt, was seine

Motive sind. Wenn ihr etwas tut, macht sofort das Motiv ausfindig, denn wenn euch das Motiv entgeht, führt euch euer Verstand an der Nase herum und erzählt euch, dass ihr ein ganz anderes Motiv hattet. Zum Beispiel: Du wirst wütend und schlägst dein Kind. Der Verstand redet dir dann ein: „Es ist nur zu seinem eigenen Besten, damit es sich benimmt." Dies ist eine Rationalisierung. Geh tiefer …

Du warst wütend und wolltest deine Wut nur an irgendwem auslassen. An deinem Chef im Büro konntest du sie nicht auslassen, dafür ist er zu stark. Und das ist riskant und wirtschaftlich gefährlich. Nein, du brauchtest jemanden, der hilflos ist. Nun, dieses Kind ist völlig hilflos, es ist von dir abhängig, es kann sich nicht wehren, es kann nichts machen, kann es dir nicht mit gleicher Münze heimzahlen. Du kannst kein geeigneteres Opfer finden. Schau genau hin: Bist du dem Kind wirklich böse? Wenn ja, dann macht der Verstand dir was vor.

Dein Verstand macht dir rund um die Uhr etwas vor, und du unterstützt ihn darin. Dann wirst du am Ende todunglücklich sein, landest du in der Hölle. Achte jeden Moment darauf, was dich wirklich motiviert … Wenn du das herausfinden kannst, wird es dem Verstand immer unmöglicher werden, dich zu täuschen. Und je weiter du dich von allen Täuschungen entfernst, desto fähiger wirst du, deinen Verstand hinter dir zu lassen, desto mehr wirst du zum Herrn im eigenen Hause werden.

Ich habe gehört … Ein Wissenschaftler sagt zu seinem Freund: „Ich begreife nicht, wie du darauf bestehen konntest, dass deine Frau während unserer Abwesenheit einen Keuschheitsgürtel trägt. Wer würde schließlich – ich sag dir's von Mann zu Mann – bei Emmas Aussehen und Figur auf solche Gedanken kommen?"

„Ich weiß, ich weiß", seufzt sein Freund. „Aber wenn ich wieder zu Hause bin, kann ich immer sagen, ich hätte den Schlüssel verloren."

Passt auf, achtet darauf, was euch unbewusst motiviert! Der Verstand hat euch nur deshalb unter seiner Knute und seinem Kommando, weil ihr blind seid für seine wahren Motive. Sobald jemand fähig wird, seine wahren Motive zu erkennen, ist die Meditation nicht mehr weit ... denn dann hat dich dein Verstand nicht mehr im Griff.

Der Verstand ist ein Apparat. Er hat keine Intelligenz. Der Verstand ist ein Bio-Computer. Wie könnte er da einen Funken Intelligenz haben? Er hat Fertigkeiten, aber keine Intelligenz; er hat Funktionswert, aber keine Bewusstheit. Er ist ein Roboter; er funktioniert gut, aber hör nicht allzu sehr auf ihn, denn sonst wirst du deine innere Intelligenz verlieren. Dann ist es, als würdest du eine Maschine bitten, dich zu führen, dich anzuleiten – eine Maschine bitten, die nichts Originelles enthält, nicht enthalten kann. Kein einziger Gedanke im Verstand ist je originell; er kann immer nur wiederholen. Pass auf. Wann immer der Verstand sich zu Wort meldet, achte darauf, dass er dich nicht wieder zur Routine anstiftet. Versuch es mit etwas Neuem, und der Verstand wird weniger Macht über dich haben.

Menschen, die irgendwie schöpferisch sind, werden immer leichter zu Meditierern; am schwersten ist es mit Leuten, die unschöpferisch leben. Wer ein Routineleben führt, den hat sein Verstand voll im Griff; der kann sich von ihm nicht lösen, der hat Angst. Tue jeden Tag etwas Neues. Höre nicht auf die alte Routine. Sagt dem Verstand, wenn er sich meldet: „So halten wir's doch seit eh und je! Lass uns jetzt mal was anderes machen!"

Schon winzige Veränderungen ... in der Art, wie du immer mit deiner Frau umgehst – einfach kleine Veränderungen; in der Art, wie du immer gehst – nur kleine Veränderungen; in der Art, wie du immer redest – kleine Veränderungen. Und du wirst sehen: Dein Verstand verliert seine Gewalt über dich, du wirst etwas freier.

Schöpferische Menschen kommen leichter ins Meditieren und gehen tiefer. Dichter, Maler, Musiker, Tänzer können leichter in Meditation gehen als Geschäftsleute – die leben ein Routineleben, absolut unkreativ.

Ich habe von einem Vater gehört, der seinem Sohn einen Rat erteilt. Er selbst war in jungen Jahren als Playboy bekannt und möchte jetzt zur bevorstehenden Hochzeit seines Sohnes auch ein Wörtchen mitreden.

„Mein Junge", sagt er, „nur zwei Ratschläge hab ich dir zu geben. Bestehe darauf einen Abend pro Woche mit den Jungs auszugehen."

Er machte eine Pause. Sein Sohn erkundigt sich nach dem zweiten Ratschlag: „Vergeude den Abend nicht mit den Jungs."

Er will seinem Sohn die eigene Routine, seinen eigenen Lebensstil weitergeben. Der Verstand der Vergangenheit rät dem Bewusstsein der Gegenwart – so beraten Väter ihre Söhne.

Jeden Augenblick bist du neu, neugeboren; das Bewusstsein ist niemals alt. Das Bewusstsein ist immer der Sohn und der Verstand ist immer der Vater. Der Verstand ist nie neu und das Bewusstsein ist nie alt – aber der Verstand will dem Sohn immer raten. Damit gibt der Vater dasselbe Verhaltensmuster an den Sohn weiter, und dann macht der Sohn es genauso wie der Vater.

Ihr habt bisher auf eine bestimmte Art gelebt – möchtet ihr nicht mal anders leben? Ihr habt bisher auf eine bestimmte Art gedacht – möchtet ihr nicht ein paar neue Einblicke in euer Sein? Dann passt auf und hört nicht auf den Verstand.

Der Verstand ist eure Vergangenheit, die ständig versucht, eure Gegenwart und eure Zukunft zu kontrollieren. Damit will die tote Vergangenheit die lebendige Gegenwart kontrollieren. Macht euch das einfach bewusst. Aber wie geht das? Wie schafft der Verstand es nur immer wieder? Der Verstand schafft es mit folgender Methode: „Wenn du nicht auf mich hörst, wirst du nicht so erfolgreich sein wie ich. Wenn du etwas Altes wiederholst, wirst du immer erfolgreicher werden, weil du es schon einmal gemacht hast. Wenn du neue Wege gehst, hast du auch weniger Erfolg!“ Der Verstand redet immer wie ein Ökonom, ein Effizienzexperte; er sagt: „So geht es einfacher. Warum es sich schwer machen? Dies ist der Weg des geringsten Widerstands.“

Merkt euch: Wann immer ihr euch zwischen zwei Dingen entscheiden müsst, vor einer Alternative steht, dann wählt das Neue, wählt das Schwerere, wählt dasjenige, was mehr Bewusstheit erfordert. Zieht der Leistung immer die Bewusstheit vor, und damit stellt ihr eine Situation her, in der Meditation möglich werden wird. Ich spreche hier nur von Gelegenheiten, in denen es zur Meditation kommen wird. Ich sage nicht, dass ihr zur Meditation gelangt, indem ihr so handelt – aber es wird hilfreich sein. Es wird in euch die dafür nötige Situation herstellen, ohne die es nicht zu Meditation kommen kann.

Seid weniger leistungsorientiert und mehr kreativ. Lasst das euren Beweggrund sein. Kümmert euch nicht zu sehr um nützliche Zwecke. Erinnert euch vielmehr ständig daran, dass ihr nicht dazu in diesem Leben seid, um zur Ware zu werden. Ihr seid nicht dazu da, ein Rädchen im Getriebe zu werden – das ist unter eurer Würde. Ihr seid nicht dazu da, um immer leistungsfähiger zu werden – ihr seid dazu da, immer lebendiger zu werden; ihr seid dazu da, immer intelligenter zu werden; ihr seid dazu da, um immer glücklicher zu werden, bis hin zur Ekstase. Aber das ist alles andere, als was der Verstand mit euch vorhat.

Eine Mutter bekommt von der Schule das Zeugnis ihres Jungen zugeschickt. „Ihr Kleiner ist sehr intelligent", lautet die Abschlussbemerkung der Lehrerin, „aber er spielt entschieden zu viel mit den Mädchen. Ich habe einen Plan, wie ich ihm diese Flausen abgewöhnen kann."

Die Mutter unterschreibt das Zeugnis und schickt es mit der Bemerkung zurück: „Lassen Sie mich wissen, ob es klappt. Wenn ja, probiere ich es bei seinem Vater auch."

Die Leute suchen ständig nach Hinweisen, wie sie andere kontrollieren können, Hinweisen zur Profitsteigerung – profitablen Hinweisen. Wer auf Hinweise aus ist, wie er andere kontrollieren kann, steht immer unter der Kontrolle des Verstandes. Schlagt es euch aus dem Kopf, andere kontrollieren zu wollen. Sobald ihr niemanden mehr kontrollieren wollt – ob Ehemann oder Ehefrau, Sohn oder Vater, Freund oder Feind – sobald es euch nicht mehr interessiert, andere zu kontrollieren, kann euch der Verstand nicht mehr in der Gewalt haben, weil er dann unnütz wird.

Zum Kontrollieren der Welt ist er nützlich; zum Kontrollieren der Gesellschaft ist er nützlich … ein Politiker kann nicht meditieren. Unmöglich! Sogar noch unmöglicher als ein Geschäftsmann. Ein Politiker steht am anderen Ende der Skala. Er kann nicht meditieren. Manchmal kommen Politiker zu mir. Sie interessieren sich zwar für Meditation, aber eigentlich nicht so sehr für Meditation … sie sind zu verspannt und sie wünschen eine gewisse Entspannung. Sie kommen zu mir und fragen, ob ich ihnen helfen kann. Denn sie sind zu angespannt, das liegt an ihrer Arbeit – dem ewigen Hick-Hack, dem Hauen und Stechen mitten im Rattenrennen. Sie bitten um etwas, das ihnen ein wenig Frieden beschert. Ich sag ihnen, dass das unmöglich ist. Sie können nicht meditieren. Ehrgeiz kann nicht meditieren, weil die eigentliche Grundlage fürs Meditieren darin besteht, nicht ehrgeizig zu sein. Ehrgeiz ist der Drang, andere zu beherrschen. Nichts anderes bedeutet Politik: Der Wunsch, die ganze Welt zu beherrschen. Wer andere beherrschen will, der muss auf den Verstand hören; denn der Verstand genießt Gewalt ausgesprochen.

Und dann kann man nichts Neues ausprobieren – das ist zu riskant. Man muss immer und immer wieder das Alte wiederholen. Wenn ihr auf die Lektionen der Geschichte hört, könnt ihr nur staunen…

Im Jahre 1917 machte Russland eine große Revolution durch, eine der größten in der Geschichte. Aber irgendwie scheiterte die Revolution. Als die Kommunisten die Macht hatten, wurden sie praktisch wie die Zaren – ja schlimmer noch. Stalin brachte Millionen Menschen um. Wie kam es dazu? Kaum waren sie an der Macht, fehlte ihnen der Mut zu etwas Neuem: „Und wenn es nicht funktioniert? Man hat es noch nie versucht ... wer weiß, wer weiß...? Halten wir uns besser an die alten Methoden, die sich noch stets bewährt haben!“ Sie mussten von den Zaren lernen.

Jede Revolution muss scheitern; denn sobald eine bestimmte Gruppe von Politikern an die Macht kommt, muss sie sich derselben Methoden bedienen. Der Verstand hat etwas gegen alles Neue, er ist immer nur fürs Alte. Wenn ihr andere beherrschen wollt, werdet ihr nicht meditieren können ... macht euch dies bitte ganz klar.

Der Verstand lebt in einer Art Tran, er lebt in einem Zustand der Unbewusstheit. Ihr werdet nur ganz selten bewusst. Wenn euer Leben in höchster Gefahr ist, werdet ihr bewusst; ansonsten seid ihr nicht bewusst. Der Verstand schleppt sich müde dahin. Stellt euch mal an den Straßenrand und beobachtet die Leute, und ihr werdet die Schatten von Träumen auf ihren Gesichtern erkennen. Manch einer spricht mit sich selbst oder gestikuliert – wenn ihr näher hinseht, werdet ihr sehen können, dass er irgendwo anders ist, nicht hier auf der Straße. So als würden die Leute im Tiefschlaf herumlaufen.

Schlafwandeln ist der Normalzustand des Verstandes. Wer ein Meditierer werden möchte, der muss diese Gewohnheit aufgeben, alles verschlafen zu machen. Geh, aber sei dabei wach. Grab ein Loch, aber sei dabei wach. Iss, aber mach beim Essen nichts anderes – iss nur. Jeden Bissen sollte man vollkommen wach zu sich nehmen; kaut ihn mit Bewusstheit. Gestattet euch nicht, überall herumzurennen.

Seid hier und jetzt. Sobald ihr euren Verstand dabei erwischt, sich wieder davonzumachen ... er will immer irgendwo anders hin, er will nie hier sein. Denn wenn der Verstand hier ist, wird er nutzlos. Direkt in der Gegenwart braucht man den Verstand nicht mehr – da reicht Bewusstheit. Der Verstand wird immer nur dort gebraucht, irgendwo in der Zukunft oder in der Vergangenheit, aber niemals hier ... Sobald du merkst, dass dein Verstand irgendwo anders hingegangen ist – du bist in Paris, und dein Verstand ist nach Philadelphia gegangen – werde sofort hellwach. Gib dir einen Ruck. Komm wieder nach Haus. Komm zu dem Punkt, wo du bist. Beim Essen, iss; im Gehen, geh; erlaube diesem Verstand nicht, kreuz und quer durch die Gegend zu laufen.

Es ist nicht so, dass das dann zur Meditation wird, aber es schafft ein Umfeld dafür.

Die Party ist voll in Schwung, und einer der Gäste beschließt, seinen Freund anzurufen, um ihn noch einzuladen. Er wählt die falsche Nummer und entschuldigt sich bei der verschlafenen Stimme am andern Ende. Beim nächsten Versuch antwortet wieder dieselbe Stimme.

„Tut mir schrecklich leid!", sagt er. „Ich hab diesmal ganz bedacht gewählt. Ich begreife nicht, wie ich mich verwählen konnte."

„Ich auch nicht", sagt die verschlafene Stimme. „Vor allem, weil ich gar kein Telefon hab."

Die Leute leben praktisch schlafend, und sie haben den Trick gelernt, alles mögliche zu erledigen, ohne ihren Schlaf zu stören. Wenn du auch nur ein bisschen wach wirst, dann wirst du dich viele Male dabei ertappen, wie du Dinge tust, die du nie tun wolltest, von denen du weißt, dass du sie bereuen wirst, Dinge tust, die du dir erst gestern vorgenommen hattest, nie wieder zu tun.

Beobachtet einfach eure Gedankenprozesse: An der Oberfläche sagen sie etwas, aber tief darunter führen sie gleichzeitig etwas im Schilde. Seid ein wenig aufmerksamer und schlaft nicht ein.

Die nörgelnde alte Dame muss auf Anordnung des Arztes das Bett hüten. Niemand kann es ihr recht machen. Sie beschwert sich über das Wetter, die Arznei, und vor allem über alles, was ihr Mann ihr zubereitet. Eines Tages – er hat ihr eben das Frühstück gebracht und die Küche aufgeräumt – zieht er sich in seine Ecke zurück. Als sie seine Feder kratzen hört, fragt sie: „Was machst du?"

„Einen Brief schreiben."

„Wem schreibst du?"

„Cousine Anna."

„Und was schreibst du ihr?"

„Dass du krank bist, aber die Ärzte sagen, dass du bald wieder wohlauf sein wirst und keine Gefahr besteht."

Und nach einer kleinen Pause fragt er:

„Wie schreibt man Friedhof – mit i oder i-e?

An der Oberfläche das Eine, unten drunter genau das Entgegengesetzte. Er hofft gegen alle Hoffnung; er hofft, egal was die Ärzte versichern ... Oberflächlich redet er so, als würde alles wieder gut werden – aber tiefer darunter hofft er, dass sie irgendwie sterben wird. Aber das würde er nie eingestehen, nicht mal sich selber. Auf die Art spielt ihr

Verstecken mit euch selbst. Schluss mit dem Tricksen.

Gesteht euch ein, was mit eurem Verstand los ist, und die Macht, die er über euch hat, wird sich verlieren.

3. Kapitel

DIE ZEIT DES GETRENNTSEINS IST VORBEI

Warum interessiert sich der Westen immer mehr für Meditation? Dabei verlieren offenbar viele östliche Länder heute alles Interesse an ihren spirituellen Schätzen …

EIN RECHTSANWALT BAHNT SICH SEINEN WEG AN DEN RAND einer Ausgrabung, in dem ein ganzes Team arbeitet, und ruft von oben in das tiefe Loch: „Ist da unten ein Timothy O'Toole?"

„Wer will was von mir?", tönt es dumpf zurück.

„Mr. O'Toole, stammen Sie aus Castlebar im Bezirk Mayo?"

„Jawohl!"

„Und hießen Ihre Eltern Bridget und Michael?"

„Richtig!"

„Dann habe ich die Pflicht", fährt der Anwalt fort, „Ihnen, Mr. O'Toole, mitzuteilen, dass Ihre Tante Mary in Iowa verstorben ist und Ihnen 60 000 Dollar vermacht hat."

Nach einer kurzen Pause folgt unten ein lebhaftes Getümmel.

„Kommen Sie nun oder nicht, Mr. O'Toole?", ruft der Anwalt.

„Eine Minute!", schallt es zurück. „Ich musste nur noch 'ne kleine Rechnung mit meinem Vorarbeiter begleichen!"

Binnen sechs Monaten hatte O'Toole die 60 000 Dollar auf den Kopf gehauen, dank seines maßlosen Lebensstils. Sein Hauptinteresse galt dem Stillen seines genetisch veranlagten Durstes. Danach kehrte er zu seinem Job zurück. Nicht lange, und der Anwalt war auch wieder da.

„Diesmal ist es Ihr Onkel Patrick!", erklärt ihm der Anwalt. „Er ist in Texas verstorben und hat Ihnen 40 000 Dollar hinterlassen."

Da stützt sich O'Toole schwerfällig auf seine Picke und schüttelt erschöpft den Kopf.

„Kann ich, glaub ich, nicht annehmen", verkündet er. „Ich bin nicht mehr so stark wie früher, und ich glaub nicht, dass ich so einen Batzen Geld noch Mal überlebe."

Genau das ist im Westen geschehen. Die Menschen im Westen haben es geschafft, den Überfluss herbeizuführen, den sich die gesamte Menschheit seit Urzeiten ersehnt hat. Dem Westen ist es gelungen, materiell reich zu werden, und jetzt ist er zu erschöpft, zu müde. Unterwegs ist ihm seine ganze Seele abhanden gekommen. Die Reise hat den westlichen Menschen erledigt. Äußerlich kann er alles haben, aber er hat den Kontakt mit seinem Innern verloren. Jetzt hat er alles, was der Mensch braucht, nur der Mensch ist verschollen. Güter im Überfluss, aber der Hausherr ist verschwunden. Es ist zu einem enormen Ungleichgewicht gekommen. Reichtum ist da, aber die Menschen fühlen sich überhaupt nicht reich. Im Gegenteil: Die Menschen fühlen sich völlig verarmt, bettelarm.

Versteht dieses Paradox: Erst wenn ihr äußerlich reich seid, wird euch – im Kontrast dazu – eure innere Armut bewusst. Wenn ihr äußerlich arm seid, wird euch eure innere Armut nie bewusst – denn es fehlt der Kontrast. Man schreibt mit weißer Kreide auf schwarze Tafeln, nicht auf weiße Tafeln. Warum? Weil es nur auf schwarzen Tafeln sichtbar wird. Man braucht den Kontrast. Wenn ihr äußerlich reich seid, wird euch schlagartig klar: „Innerlich bin ich arm, ein Bettler." Und wie ein Schatten folgt dann auch Hoffungslosigkeit: „Alles, was wir uns vorgestellt hatten, ist in Erfüllung gegangen – alle Wunschbilder und Fantasien sind in Erfüllung gegangen, und was hat es uns gebracht? Nichts, keine Zufriedenheit, kein Glück."

Der Westen ist konfus. Aus seiner Konfusion steigt ein enormes Verlangen auf: „Wie kommt man wieder mit seinem Selbst in Kontakt?!"

Meditation heißt nichts anderes, als wieder in deinem Innern, deiner Innenwelt Wurzeln zu schlagen. Darum interessiert sich der Westen so ausgesprochen für Meditation, und so ausgesprochen für die Schätze des Ostens.

Der Osten interessierte sich ebenfalls für Meditation, als der Osten noch reich war; dies gilt es zu verstehen. Darum habe ich auch nichts gegen Reichtum, so wenig ich glaube, dass Armut etwas Spirituelles, einen „Glanz von innen" habe. Ich bin grundsätzlich gegen Armut; denn immer, wenn ein Land arm wird, verliert es alle Meditationen, alle spirituellen Bemühungen aus dem Auge. Sobald ein Land äußerlich arm wird, nimmt es seine innere Armut nicht mehr wahr. Deshalb kann man auf den Gesichtern der Inder eine Art Zufriedenheit erkennen, die im Westen nicht zu finden ist. Es ist keine echte Zufriedenheit, sondern nur ein Nichtwahrnehmen der inneren Armut. Die Inder denken: „Seht euch die Angst und die Qual und die Verspanntheit auf westlichen Gesichtern an! Mögen wir auch arm sein, aber wir sind innerlich sehr zufrieden!" Das ist völliger Unsinn; sie sind nicht zufrieden. Ich habe Tausende von Menschen beobachtet – sie sind nicht zufrieden. Aber Eines steht fest: Sie sind sich ihrer Unzufriedenheit nicht bewusst; denn um sich seiner Unzufriedenheit bewusst zu sein, ist äußerer Reichtum erforderlich. Ohne äußeren Reichtum wird sich niemand seiner inneren Unzufriedenheit bewusst. Und dafür gibt es genug Beweise.

Alle Avatare der Hindus waren Könige oder Königssöhne – Könige oder Fürsten. Alle Jaina Teerthankaras, alle Propheten der Jainas waren Könige, und dasselbe gilt für Buddha. Alle drei bedeutenden Traditionen Indiens beweisen es zur Genüge.

Warum wurde Buddha unzufrieden, warum ging er auf die Suche nach Meditation? Weil er reich war. Er lebte im Luxus; er hatte alles, was es gab, alle Bequemlichkeiten, allen materiellen Schnickschnack. Plötzlich wurde ihm klar … und er war noch recht jung, als ihm klar wurde, er war erst neunundzwanzig, als ihm klar wurde, dass in seinem Innern ein dunkles Loch gähnte. Das Licht ist außen, dennoch zeigt sich die innere Dunkelheit. Ein winziger Schmutzfleck auf einem weißen Hemd sticht ins Auge … Genau so war's. Er floh aus dem Palast. Genauso war es bei Mahavir; auch er floh aus dem Palast. Dies widerfuhr keinem Bettler. Es gab durchaus Bettler zu Buddhas Zeit. Ja, der Legende zufolge entsagte Buddha im selben Augenblick der Welt, als er zum ersten Mal einen Bettler sah, und danach einen alten Mann, dann eine Leiche und dann einen Sannyasin oder Sucher. Es gab also Bettler … Buddha war auf dem Wege zu einem Jugendfest, das er eröffnen sollte. Von seinem goldenen zweirädrigen Prunkwagen aus sah er – zum allerersten Mal – einen Bettler … Denn sein Vater hatte sein ganzes Leben lang dafür gesorgt, dass er nie einen Bettler oder einen Kranken oder einen Toten zu Gesicht bekäme. Astrologen hatten nämlich dem Vater prophezeit, sein Neugeborener dürfe niemals diese Dinge zu Gesicht bekommen, weil er sonst sofort der Welt entsagen würde. Wo immer Buddha also erwartet wurde, verscheuchte man erst alle Bettler und Alten oder sperrte sie zu Hause ein. Selbst in Buddhas Garten durfte es kein welkes Blatt geben. Jedes tote Blatt wurde nachts beseitigt, auf dass Buddha, wenn er am Morgen in den Garten käme, nichts als Jugend, junge Blätter, junge Blüten sähe. Er hatte nie eine welkende Blume gesehen.

Als er zum ersten Mal einen Bettler sah … und das Gleichnis ist wunderschön; dort heißt es, dass die Götter sich allmählich Sorgen machten: „Der Vater hat es übertrieben. Neunundzwanzig Jahre sind verstrichen, und Buddha hat das Zeug dazu, einer der gewaltigsten Erleuchteten aller Zeiten zu werden!" Die Götter waren besorgt: „Der Vater erzieht ihn derart behütet, dass er vielleicht nie einen Bettler oder Alten zu Gesicht bekommt – und wie soll er dann aufwachen?" Also verkleideten sie sich – der eine Gott ging als Bettler, ein zweiter als alter Mann, der dritte als Toter, und der vierte als Sannyasin.

Bettler gab es genug, aber sie entsagten nicht. Sie hatten nichts, dem sie entsagen konnten; sie waren zufrieden. Buddha wurde unzufrieden…

Als Indien noch reich war, interessierten sich viele Leute für Meditation; ja, das ganze Volk interessierte sich im Grunde für Meditation. Früher oder später begannen sie über den

Mond, übers Jenseits, über das Innere nachzudenken. Jetzt ist das Land arm, so arm, dass zwischen Innen- und Außenwelt jeder Kontrast fehlt. Zwischen der Innen- und der Außenwelt herrscht vollkommene Harmonie – beide sind arm.

Das ist der Grund, warum ihr auf indischen Gesichtern eine gewisse Zufriedenheit erkennen könnt, die keine echte Zufriedenheit ist. Und weil diese Leute sich zu denken angewöhnt haben, dass der Armut etwas Spirituelles innewohne. In Indien wird Armut angebetet. Das ist einer der Gründe, warum ich verdammt werde – weil ich für Armut nichts übrig habe, in keiner Form. Armut ist keine Spiritualität; Armut ist die Ursache für das Verschwinden von Spiritualität.

Ich möchte, dass die ganze Welt so wohlhabend wie möglich wird. Je wohlhabender die Leute sind, desto spiritueller wird sie das machen. Es geht gar nicht anders, sie werden es nicht vermeiden können. Und nur dann wird sich wahre Zufriedenheit einstellen.

Wenn es euch gelingt, inneren Reichtum zu erzeugen, dann bleibt die wahre Zufriedenheit nicht aus. Wenn äußere Armut auf innere Armut trifft, dann entsteht falsche Zufriedenheit. Beide Wege führen zu Harmonie. Wenn das Äußere mit dem Inneren harmoniert, fühlt man sich zufrieden. Indien wirkt zufrieden, weil hüben wie drüben Armut herrscht. Die Harmonie ist vollkommen, das Äußere stimmt mit dem Inneren überein. Aber das ist eine abstoßende Zufriedenheit, das ist im Grunde mangelndes Leben, mangelnde Vitalität. Das ist eine Art idiotischer Zufriedenheit – abgestumpft, dürftig. Der Westen wird sich zwangsläufig für Meditation interessieren, er kann es gar nicht umgehen. Deshalb entgleitet dem Christentum der westliche Geist; denn von der Wissenschaft der Meditation hatte das Christentum keine Ahnung. Es ist eine sehr mittelmäßige Religion geblieben; desgleichen das Judentum.

Der Westen war arm; das ist der Grund. Bisher hat der Westen in Armut gelebt. Als der Osten reich war, war der Westen arm. Alle drei nicht-indischen Religionen – Judentum, Christentum und Islam – wurden in Armut geboren. Sie konnten gar keine Meditationstechniken entwickeln, es bestand kein Bedarf. Sie sind die Religionen der Armen geblieben.

Und nun, da der Westen reich geworden ist, ist das Verhältnis unausgewogen. Die westlichen Religionen entstammen der Armut: Sie haben dem Reichen nichts zu geben. Dem Reichen kommen sie kindisch vor, sind sie unzulänglich. Sie können ihn nicht befriedigen. Die östlichen Religionen entsprangen dem Reichtum: Darum interessiert sich der westliche Geist zunehmend für die östlichen Religionen. Ja, die Religion Buddhas hat jetzt einen starken Einfluss. Zen breitet sich aus wie Feuer. Warum? Zen ist ein Kind des Reichtums.

Die Ähnlichkeit zwischen der westlichen Psychologie des zeitgenössischen Menschen und der Psychologie des Buddhismus ist gewaltig: Der Westen befindet sich im selben Zustand wie Buddha, als er sich für Meditation zu interessieren begann. Es war die Suche eines Reichen, und das war auch im Hinduismus der Fall, und ebenso im Jainismus. Diese drei bedeutenden indischen Religionen waren eine Frucht des Wohlstands. Kein Wunder also, dass der Westen sich zu diesen östlichen Religionen hingezogen fühlt.

Indien ist im Begriff, den Kontakt zu seinen eigenen Religionen zu verlieren. Es kann sich nicht leisten Buddha zu verstehen – dafür ist es zu arm. Ihr werdet es kaum glauben, aber arme Inder werden heute zum Christentum bekehrt. Reiche Amerikaner werden zum Buddhismus, Hinduismus und Vedanta bekehrt, und die Unberührbaren, die Armen, die Ärmsten der Armen werden Christen. Versteht ihr, worauf ich hinaus will? Solch eine Religion hat einen gewissen Reiz für die Armen. Aber sie hat keine Zukunft, denn früher oder später wird die Welt reich werden.

Ich singe nicht das Loblied der Armut, ich habe keinen Respekt vor Armut. Der Mensch muss Zugang zu beiden Arten von Reichtum haben: Warum nicht beides? Die Wissenschaft hat die nötige Technologie entwickelt, um euch äußerlich reich zu machen. Die Religion hat die Technologie entwickelt, um euch innerlich reich zu machen. Damit meine ich Yoga, Tantra, Taoismus, Sufismus, Chassidismus – dies sind Technologien der Innenwelt.

Eine Geschichte … Die Hauptfigur dieser Geschichte ist einer von denen, die alles, was ihnen zustößt, als Ausdruck göttlicher Macht akzeptieren.

„Wer bin ich“, sagte er, „um Dinge in Frage zu stellen, die eine göttliche Vorsehung für richtig hält?“

Sein ganzes Leben lang wurde er vom Unglück verfolgt, aber kein einziges Mal beklagte er sich. Er heiratete, und seine Frau brannte mit dem Trauzeugen durch. Er hatte eine Tochter, und die Tochter fiel auf einen Schurken herein. Er hatte einen Sohn, und der Sohn wurde gelyncht. Ein Feuer brannte seine Scheune ab, ein Wirbelsturm riss sein

Haus weg, ein Hagelsturm verwüstete seine Ernten, und der Bankier hatte eine Hypothek auf sein Land und enteignete ihn. Doch bei jedem Schicksalsschlag kniete er nieder und dankte „dem allmächtigen Gott für seine grenzenlose Gnade."

Nicht lange, und er landete im Armenhaus – ohne einen Pfennig, aber immer noch dem Willen des Höchsten ergeben. Eines Tages schickte Im übrigen muss ich nur ihn der Verwalter hinaus, ein Kartoffelfeld zu pflügen. Ein Gewitter zog auf und just im Moment, da es wieder abzog, fuhr ein allerletzter Blitz vom Himmel nieder. Der schmolz seinen Pflug ein, riss ihm praktisch alle Kleider vom Leibe, versengte seinen Bart und schleuderte ihn, nachdem er ihm die Initialen eines benachbarten Viehzüchters auf den nackten Rücken gebrannt hatte, durch den Stacheldraht.

Als er wieder zu sich gekommen war, ging er langsam auf die Knie, faltete seine Hände, hob die Augen gen Himmel, und sagte Gott zum ersten Mal seine Meinung:

„Herr!", sagte er, „langsam machst du dich lächerlich!"

Dies ist die Situation des Ostens: „Langsam macht man sich lächerlich!" Dennoch hört der Osten nicht auf, Gott zu danken, bleibt er nach wie vor dankbar. Es gibt nichts mehr, wofür er dankbar sein kann! Der Osten ist bettelarm, krank, ausgehungert; es gibt nichts, wofür er dankbar sein kann! Aber der Osten versteht sich nicht zu behaupten, der Osten hat vergessen, wie man seine Situation selbst in die Hand nimmt.

Der Osten kann also gar nicht meditieren. Der Osten lebt praktisch in einer Art von Betäubung. Er ist zu hungrig um zu meditieren, zu arm um zu beten. Er interessiert sich nur für Brot, ein Dach überm Kopf, Kleidung; wenn also ein christlicher Missionar daherkommt und eine Schule oder ein Krankenhaus eröffnet, beeindruckt das die Inder zutiefst – das ist Spiritualität! Wenn ich anfange, sie das Meditieren zu lehren, sind sie nicht interessiert, nicht nur nicht interessiert, sondern gegen mich: „Was für eine Spiritualität soll das sein?" Und ich verstehe sie – sie brauchen Brot, sie brauchen ein Dach überm Kopf, sie brauchen Kleidung.

Aber es liegt an ihrer Vorstellungswelt, dass sie leiden. Einerseits brauchen sie Brot, ein Dach überm Kopf, Kleidung, bessere Straßen; und andererseits beten sie weiter die Armut an. Sie sitzen in einer Klemme. Der Osten kann noch nicht meditieren. Erst braucht er eine wissenschaftliche Technologie, damit es ihm körperlich etwas besser geht. So wie der Westen religiöse Technologie braucht, braucht der Osten wissenschaftliche Technologie.

Und ich bin durchaus für eine Welt, wo der Westen dem Osten das geben kann, was er braucht, und wo der Osten dem Westen das geben kann, was er braucht. Ost und West haben schon viel zu lange getrennt gelebt. Der Osten sollte nicht mehr der Osten, und der Westen nicht mehr der Westen sein. Wir sind an den kritischen Punkt gelangt, wo diese ganze Erde eins werden kann – eins werden sollte … denn sie kann nur überleben, wenn sie eins wird.

Die Tage der Nationen sind vorbei, die Tage der Trennungen sind vorbei, die Tage der Politiker sind vorbei. Wir befinden uns in einer ungeheuer neuen Welt, einer neuen Phase der Menschheit, und diese Phase besteht darin, dass es nunmehr nur noch eine Welt, eine Menschheit geben kann. Und dann wird es eine nie da gewesene Freisetzung von Energie geben. Der Osten verfügt über Schätze: die religiösen Techniken, und der Westen verfügt über Schätze: die wissenschaftlichen Techniken. Und beide können zusammenkommen, schon diese Erde kann zum Paradies werden.

Jetzt brauchen wir auf kein Jenseits mehr zu warten – wir sind in der Lage, das Paradies hier auf Erden zu erschaffen – zum allerersten Mal! Und wenn wir das nicht tun, dann ist niemand anderer dafür verantwortlich als wir selbst.

Ich bin für eine Welt, eine Menschheit, und letztendlich eine Wissenschaft, die sich sowohl der Religion wie der Wissenschaft annimmt, die beide vereint … eine Wissenschaft, die sich sowohl der Innen- wie der Außenwelt annimmt. Genau das versuche ich in meiner Kommune. Sie ist ein Treffpunkt von Ost und West; sie ist ein Mutterschoß, in dem die neue Menschheit empfangen und geboren werden kann.

4. Kapitel

DIE SPALTUNG ZWISCHEN KÖRPER UND SEELE HEILEN

ICH UNTERTEILE DIE EXISTENZ NICHT IN DIE ALTE DICHOTOMIE – die materielle und die spirituelle Ebene. Es gibt nur eine einzige Realität: Die Materie ist ihre sichtbare Form und der Geist ist ihre unsichtbare Form. Genau wie dein Körper und deine Seele – dein Körper kann nicht ohne deine Seele existieren, und deine Seele kann nicht ohne deinen Körper existieren.

Tatsächlich hat sich die ganze frühere Spaltung als eine schwere Bürde auf dem menschlichen Herzen erwiesen – die Spaltung zwischen Körper und Seele. Sie hat eine schizophrene Menschheit hervorgebracht. So wie ich es sehe, ist Schizophrenie keine Krankheit, die hin und wieder mal einem Einzelnen widerfährt. Die gesamte Menschheit ist bis heute schizophren gewesen. Nur ganz selten, nur ab und zu kommt es vor, dass ein Mensch wie Jesus oder Buddha oder Mahavir oder Sokrates oder Pythagoras oder Laotse diesem schizophrenen Muster unserer Lebensweise zu entrinnen vermocht hat.

Es ist gefährlich, die Realität in gegensätzliche, feindliche Hälften aufzuspalten, denn damit spaltet man den Menschen. Der Mensch ist das Universum en miniature; wenn ihr das Universum spaltet, ist der Mensch gespalten. Wenn ihr den Menschen spaltet, ist das Universum gespalten. Und in meinen Augen ist die Existenz eine ungespaltene, organische Einheit.

Für mich gibt es keinen Unterschied zwischen Geist und Materie. Du kannst spirituell sein und durchaus an der materiellen Ebene teilhaben – aber du wirst ein freudvolleres, ästhetischeres, einfühlsameres Leben führen. Du wirst nicht auf eine Art und Weise an der materiellen Ebene teilhaben, die verspannt ist, die voller Qual und Angst ist.

Zu Buddha kam einmal ein Mann mit der Frage: „Diese Welt ist so in Not, die Menschen sind so elend – wie schaffst du es da, so still, so freudigen Herzens hier zu sitzen?"

Buddha sagte: „Wenn einer an Fieber leidet, muss sich der Arzt dann neben ihn legen und ebenfalls leiden? Muss sich der Arzt aus lauter Mitgefühl ebenfalls anstecken und sich neben den Patienten legen und Fieber kriegen? Wird das dem Patienten helfen? Was bringt es, wenn wir statt einem Patienten jetzt zwei Kranke haben? Dann wäre die Welt doppelt krank! Der Arzt braucht nicht krank zu sein, um dem Patienten zu helfen; der Arzt muss gesund sein, um dem Patienten zu helfen. Je gesünder, desto besser! Je gesünder er ist, desto mehr Hilfe kann er ihm geben."

Ich habe nichts dagegen, sich auf der materiellen Ebene für eine bessere Welt einzusetzen. Was immer ihr da bewirkt – indem ihr den Hunger bekämpft, etwas fürs ökologische Gleichgewicht tut, gegen Armut, Ausbeutung, Unterdrückung ankämpft, für Freiheit kämpft ... egal was ihr auf der materiellen Ebene ausrichten könnt – es wird sich umso positiver auswirken, umso nachhaltiger auswirken, je mehr ihr dabei im Spirituellen verwurzelt seid – gesammelt, ruhig, still und abgeklärt; denn das wird die ganze Qualität eures Tuns verändern. Dann werdet ihr sehr viel mehr Abstand halten können und werdet ihr alles viel anmutiger tun können. Je tiefer die Einsicht in euer eigenes Sein, desto durchgreifender werdet ihr anderen helfen können.

Ich bin kein Spiritualist im alten Sinne und ich bin auch kein Materialist im alten Sinne. Die Charvakas in Indien, Epikur in Griechenland, Karl Marx und wie sie alle heißen, sie sind Materialisten. Ihnen zufolge existiert nur die Materie, und ist das Bewusstsein nur ein „Epiphänomen", eine Begleiterscheinung ohne eine eigene Realität. Und dann gibt es Leute wie Shankara und Nagarjuna, denen zufolge sich alles genau umgekehrt verhält. Sie sagen, dass nur die Seele real und der Körper irreal ist – *maya*, Illusion, eine Begleiterscheinung ohne jede eigene Realität.

Für mich haben beide nur jeweils zur Hälfte recht. Und eine Halbwahrheit ist weit gefährlicher als eine ganze Lüge – die ist zumindest ganz. Eine ganze Lüge hat eine gewisse Schönheit, aber eine Halbwahrheit ist hässlich – hässlich und gefährlich obendrein, hässlich, weil sie nur halb ist. Das ist wie ein entzweigeschnittener Mensch. Den Mensch zu teilen ist gefährlich, weil der Mensch eine organische Einheit ist. Aber so ist es nun einmal seit Urzeiten geschehen, und jetzt ist uns das praktisch in Fleisch und Blut übergegangen.

Ich gehöre keinerlei Schule an – weder der Schule der Materialisten noch der Schule der so genannten Spiritualisten. Mein Ansatz ist allumfassend, holistisch. Für mich ist der Mensch beides – ein sowohl materielles wie geistiges Wesen. Im übrigen muss ich nur deshalb die Worte „spirituell" und „materiell" benutzen, weil sie seit eh und je benutzt worden sind.

Tatsächlich ist der Mensch psychosomatisch, nicht materiell und spirituell; das „und" kreiert die Dualität. Es gibt kein „und" zwischen dem Materiellen und dem Spirituellen, nicht mal einen Bindestrich. Der Mensch ist materiell-spirituell – ich mache ein Wort draus, materiellspirituell. Das „spirituell" bezieht sich auf den Kern eures Wesens, und das „materiell" auf die Schale eures Wesens. Die Schale kann nicht ohne den Kern existieren, und der Kern kann nicht ohne die Schale existieren.

Meine Aufgabe ist es, eurem Kern zu Klarheit, zu Reinheit zu verhelfen. Dann wird sich diese Reinheit auch auf der Schale widerspiegeln. Wenn euer Kern schön ist, muss eure Schale zwangsläufig schön werden, und wenn eure Schale schön ist, muss sich diese Schönheit zwangsläufig auf den Kern auswirken.

Zwei Mystiker unterhielten sich einmal. Der erste sagte: „Ich hatte mal einen Schüler, den ich trotz all meiner Bemühungen nicht zu erleuchten vermochte."

Was für Bemühungen waren das?" fragte der andere.

„Ich trug ihm auf, Mantras zu wiederholen, Symbole zu betrachten, eine besondere Kleidung zu tragen, auf und ab zu hüpfen, Weihrauch einzuatmen, Bittgebete zu lesen und im Stehen lange Nachtwachen zu halten."

„Und hat er dir keinerlei Hinweis gegeben, wieso sich bei ihm trotzdem nicht das höhere Bewusstsein einstellen wollte?"

„Nein, nichts. Er legte sich einfach hin und starb. Nur etwas völlig Unerhebliches hat er gesagt: ‚Wann krieg ich endlich was zu essen?'"

Natürlich ist es für einen spirituellen Menschen unwichtig, vom Essen zu reden – was hat das mit dem Geist zu tun?

Ich gehöre nicht zu diesen spirituellen Leuten. Ich bin so hedonistisch wie Charvaka, so materialistisch wie Epikur, so spirituell wie Buddha oder Mahavir. Mit mir beginnt eine vollkommen neue Vision.

5. Kapitel

WER MEDITIERT, MUSS EINEN SPRUNG WAGEN

IRGENDETWAS MUSS MAN IM LEBEN TUN. DER EINE IST Zimmermann, ein anderer ist König, und wieder ein anderer ist Geschäftsmann oder Krieger. Dies sind alles Verdienstmöglichkeiten, für die Butter aufs Brot und das Dach überm Kopf. Auf dein Inneres haben sie keinen Einfluss. Ob du Krieger oder Geschäftsmann bist, spielt keine Rolle; der eine verdient sich seinen Lebensunterhalt so, ein anderer verdient ihn sich anders.

Meditation bedeutet Leben, nicht Überleben. Sie hat nichts damit zu schaffen, was du tust; sie hat alles damit zu schaffen, was du bist. Ja, es stimmt, dein Geschäft darf nicht zu deinem Sein werden. Wenn auch dein Sein geschäftsmäßig wird, dann ist es schwer zu meditieren und unmöglich, ein Sannyasin, ein Sucher zu sein … denn wenn dein Sein geschäftsmäßig geworden ist, bist du allzu berechnend geworden. Und ein berechnender Mensch ist ein Feigling; er denkt zu viel nach, er kann nichts riskieren.

Und wer meditiert, muss einen Sprung wagen: Vom Kopf zum Herzen, und letztlich vom Herzen zum Sein. Der wird tiefer und immer tiefer gehen und dabei alle Berechnungen und alle Logik hinter sich lassen müssen. Dorthin kannst du deine Schlauheit nicht mitnehmen. Genau genommen ist Schlauheit auch gar keine echte Intelligenz; Schlauheit ist ein armseliger Ersatz für Intelligenz.

Nur Leute, die nicht intelligent sind, lernen schlau zu sein. Leute, die intelligent sind, brauchen nicht schlau zu sein; sie sind unschuldig, sie brauchen nicht schlau zu sein. Alles, was sie tun, entspringt einem Zustand des Nichtwissens.

Wenn du Geschäftsmann bist, ist das in Ordnung. Wenn Jesus ein Meditierer und Sannyasin werden kann, und letztlich ein Christus, ein Buddha … dabei war er der Sohn eines Zimmermanns, schaffte Holz herbei, schnitt das Holz … Wenn ein Zimmermannssohn zum Buddha werden kann, warum nicht du?

Kabir war Weber. Er ging sein ganzes Leben lang seiner Arbeit nach; selbst nach seiner Erleuchtung webte er weiter; er liebte es! Viele Male baten ihn seine Schüler, ja flehten ihn an mit Tränen in den Augen: „Du brauchst doch nicht mehr zu arbeiten – wir können dich mit allem versorgen! So viele Schüler – was quälst du dich auf deine alten Tage noch mit Spinnen, mit Weben?"

Und dann erwiderte Kabir: „Wisst ihr denn nicht, für wen ich webe, für wen ich spinne? Für Gott! – denn jetzt ist jeder ein Gott für mich. Das ist meine Art zu beten."

Wenn Kabir zu einem Buddha werden und dennoch ein Weber bleiben kann, warum nicht auch du?

Aber das Geschäftemachen hat nichts in deinem Innersten zu suchen. Das Geschäftemachen darf nur rein äußerlich bleiben, nur eine Art Lebensunterhalt. Vergiss dein Geschäft, sobald du deinen Laden abschließt. Wenn du nach Hause kommst, bring nicht den Laden im Kopf mit. Sei kein Geschäftsmann, wenn du zu Hause bei deiner Frau und deinen Kindern bist. Das ist abstoßend, denn das heißt, dass dein Tun auf dein Wesen abfärbt. Dein Tun ist etwas Oberflächliches. Dein Wesen muss unerreichbar sein für dein Tun, und du solltest jederzeit fähig sein, dein Tun beiseite zu lassen und in die Welt deines Wesens überzugehen. Nur darum geht es beim Meditieren.

Ein Heiratsvermittler versucht, einen Geschäftsmann mit einer jungen Schönen zu verkuppeln. Aber der Geschäftsmann will nicht anbeißen. „Ehe ich Waren einkaufe“, erklärt er dem Makler, „will ich Muster sehen. Und ehe ich heirate, brauch ich auch erst ein Muster.“

„Du lieber Himmel, Mann!“, protestiert der Heiratsvermittler. „Wie können Sie von einem anständigen Mädchen so etwas verlangen?!“

„Tja“, zuckt der Geschäftsmann cool mit den Achseln. „Geschäft ist Geschäft. Entweder zu meinen Bedingungen oder gar nicht.“

Verzweifelt versucht der Heiratsvermittler die Sache dem Mädchen zu verklickern. „Ich hätte da einen feinen Herrn für Sie“, fängt er an, „übrigens stinkreich. Aber er denkt nur ans Geschäft, und er will die Katze nicht im Sack kaufen. Er verlangt eine Warenprobe ...“

„Hören Sie zu“, gibt das Mädchen zurück. „Wenn's ums Geschäft geht, bin ich so wenig auf den Kopf gefallen wie der. Eine Warenprobe kriegt er nicht, aber Empfehlungen so viel er will.“

Wenn du ein Geschäftsmensch diesen Schlages bist, dann wirst du dich mit dem Meditieren schwer tun. So ein Mensch lebt in einer vollkommen anderen Welt, in einer sehr weltlichen Welt.

In einer angesagten Bar im besten Viertel bestellt der Neuankömmling ein Bier. Er legt einen Dollar hin und ist überrascht, als der junge Barmann ihm neunzig Cent Wechselgeld gibt. Deswegen befragt, erklärt der Barmann, dass er ihm lediglich zehn Cent dafür berechne. Der Kunde hat Hunger und bestellt sich in Anbetracht der niedrigen Preise einen Käse-Schinken-Sandwich.

„Das macht dann 15 Cent", sagt der Barmann.

Der Kunde macht große Augen und fragt: „Das versteh ich nicht. Wie kann man bei solchen Preisen noch was verdienen?"

„Hör zu, Kumpel. Ich arbeite nur hier. Ich bin nicht der Boss. Der ist oben mit meiner Frau im Bett, also mach ich hier unten mit ihm dasselbe, was er oben mit ihr macht!"

Es gibt eine bestimmte Denkweise, der es immer nur ums Geschäft geht. So jemand bleibt ein Geschäftsmann, egal wo im Leben er sich befindet. Wenn du auch so einer bist, dann bist du hier am falschen Platz.

Dies hier ist ein Platz für Spieler. Dies hier ist ein Platz für Leute, die etwas riskieren können – die für nichts alles riskieren können. Wortwörtlich für nichts, weil dich das Meditieren zum Nichts führen wird.

Aber jeder, der beim Nichts der Meditation ankommt, erkennt sofort auch, dass er bei der Fülle Gottes angekommen ist. Wenn du zu einem Nichts wirst, ist das die Fülle Gottes – das ist die Kehrseite. *Du* wirst zu nichts, und im selben Moment ergießt sich die Fülle in dich – und du fließt von Gott über.

Indem du zum Nichts wirst, wirst du weit und wirst zum Gastgeber des großen Gasts.

Aber wenn du ununterbrochen berechnend bist, kannst du nicht zum Nichts werden. Wie könntest du alles dafür hergeben, nur um das Nichts zu sein? Du wirst immerzu berechnend sein; du wirst deine Augen überall haben.

Dann ist das hier nichts für dich. Dann bist du bei irgendwelchen alten, traditionellen Pseudolehrern besser aufgehoben. Die werden dich trösten. Die werden dir weismachen, dass du ruhig ein Geschäftsmann bleiben und dennoch ein Konto im Himmel eröffnen kannst. Sei spendabel, tu Gutes: Spende für die Armen, spende für den Tempel oder die Kirche oder die Synagoge, fürs Krankenhaus, für die Schule ... und du wirst deinen Lohn im Jenseits erhalten. Tu nur so viel Gutes, wie du dir leisten kannst. Wenn du andere ausbeutest, kannst du ihnen jederzeit ein Scherflein zurückgeben, kannst du ein paar Pfennige für die Kirche, für einen Wohlfahrtsverein abzweigen, kannst du den Armen ein wenig Geld stiften. Das sind Ammenmärchen: Und dir ist ein Platz im Himmel sicher ...

Sei kein solcher Narr – so billig ist der Himmel nicht. Genau genommen gibt es nirgendwo einen Ort wie den Himmel – der ist etwas in dir. Keine Wohltätigkeit kann dich dorthin führen. Aber wenn du dort hinfindest, wird dein ganzes Leben zu einer Wohltätigkeit werden – aber das steht auf einem völlig anderen Blatt. Wenn du dort hinfindest, wird dein ganzes Leben zu Mitgefühl.

Bleibe ein Geschäftsmann, aber schlage ihn dir ein paar Stunden lang ganz aus dem Kopf. Ich bin hier, um euch nahe zu legen, eurem gewöhnlichen Leben zu entrinnen. Ich bin hier, um euch zu zeigen, wie das geht, was es mit der Alchemie auf sich hat, das Gewöhnliche zum Außergewöhnlichen zu verwandeln. Sei ein Geschäftsmann in deinem Laden, aber sei kein Geschäftsmann zu Hause. Und vergiss manchmal ein paar Stunden lang sogar dein Zuhause, die Familie, die Frau, die Kinder. Verbring ein paar Stunden lang nur allein mit dir. Sinke tiefer und tiefer in dein eigenes Wesen ein. Genieße dich selbst, liebe dich selbst. Und ganz allmählich wirst du spüren, wie in dir eine Riesenfreude aufwallt, ohne äußere Ursache, nicht von außen verursacht. Sie ist dein eigener Duft, sie ist dein eigenes Aufblühen ... Das ist Meditation.

Du sitzt still da, tust nichts, der Frühling kommt, und das Gras wächst von allein. Setz dich still hin, ohne etwas zu tun, und warte auf den Frühling. Er kommt, er kommt jedes Mal, und wenn er kommt, wächst das Gras von selber. Du wirst erleben, wie ohne jeden Grund eine große Freude in dir aufsteigt. Dann teile sie mit anderen, dann gib sie anderen weiter! Dann wird deine Wohltätigkeit von innen kommen. Dann wird sie nicht mehr nur ein Mittel zu irgendeinem Zweck sein, sondern ein Selbstzweck.

Und sobald du erst einmal meditierst, ist Sannyas nicht mehr fern! Vor allem mein Sannyas bedeutet nichts anderes, als in der gewöhnlichen Welt zu leben, nur auf eine solche Art und Weise, dass du dich nicht von ihr besitzen lässt, sondern innerlich Abstand hältst – in der Welt bleibst und dennoch ein wenig über ihr stehst. Das heißt Sannyas.

Das ist nicht der alte Stil von Sannyas, wo du vor deiner Frau, deinen Kindern, deinem Geschäft davonlaufen und in den Himalaja gehen musst. So etwas hat überhaupt nicht funktioniert. Viele sind in den Himalaja gegangen, aber mit ihren dummen Vorstellungen im Gepäck. Der Himalaja hat ihnen kein bisschen helfen können; im Gegenteil, diese

Leute haben die Schönheit des Himalajas zerstört, das ist alles. Wie könnte euch der Himalaja helfen? Ihr könnt zwar der Welt den Rücken kehren, aber ihr könnt nicht eure Vorstellungswelt hier lassen. Sie wird euch begleiten; sie steckt in euch. Und wo immer ihr seid, wird eure Vorstellung dieselbe Umwelt wiederherstellen.

Ein großer Mystiker lag im Sterben. Er rief seinen Jünger, seinen Lieblingsjünger. Dieser war überglücklich, dass der Meister ihn rief. Alle waren herbeigeströmt und er will nur ihn sprechen! „Offenbar will er mir einen Geheimschlüssel geben, den er bisher noch keinem verraten hat! So will er mich zu seinem Nachfolger bestimmen!“ Er ging zu ihm.

Der Meister sagte: „Ich habe dir nur Eines zu sagen. Ich habe nicht auf meinen Meister gehört – als er starb, hatte er mir dasselbe gesagt, aber ich war nur ein Narr und hörte nicht auf ihn, ja ich verstand nicht einmal, was er meinte. Aber ich kann dir aus eigener Erfahrung versichern, dass er recht hat, so absurd es auch klang, als er es zu mir sagte.“

Der Schüler drängte: „Was ist es? Bitte sag's mir. Ich werde versuchen, es Wort für Wort zu befolgen.“

Der Meister sagte: „Es ist etwas ganz Einfaches: Halte dir nie und nimmer eine Katze im Hause!“ Und noch ehe der Schüler nach dem Warum fragen konnte, starb der Meister!

Jetzt saß er da – wie blöd! Wen soll er jetzt fragen? Er fragte bei den Alten im Dorf herum, ob ihm irgendwer diese Botschaft entschlüsseln könne – in ihr stecke offenbar ein Geheimnis!

Ein alter Mann sagte: „Ja, ich weiß, denn sein Meister – der Meister deines Meisters – hatte ihm ebenfalls gesagt: ‚Halte dir nie und nimmer eine Katze im Hause!‘, aber er hat es nicht befolgt. Ich kenne die ganze Geschichte.“

Der Schüler sagte: „Erzähl sie mir, damit ich sie verstehen kann. Was ist das Geheimnis, das sich darin verbirgt? Ich möchte sie entschlüsselt haben, um sie zu befolgen."

Der alte Mann lachte und sagte: „Eine ganz einfache Sache, gar nicht absurd. Der Meister deines Meisters hatte ihm damit einen großartigen Hinweis gegeben, er ist ihm aber nicht nachgegangen, wollte nie wissen, was es zu bedeuten hatte. Er dachte einfach nicht mehr dran.

Dein Meister war noch jung, als er den Hinweis bekam; er lebte damals als Einsiedler. Er hatte nur zwei Kleidungsstücke bei sich, das war sein ganzer Besitz. Aber es lebten große Ratten unter seinem Dach, die ständig seine Kleider zernagten, sodass er immer wieder ins Dorf gehen und um neue Kleider bitten musste.

Die Leute dort sagten: „Warum hältst du dir keine Katze? Halte dir eine Katze, sie wird die Ratten fangen, und du bist das Problem los. Wir sind schließlich auch arm, wir können es uns nicht leisten, dich jeden Monat neu einzukleiden!"

Logischerweise bat er jemanden um eine Katze. Er bekam sie, und die Probleme fingen an. Natürlich rettete die Katze seine Kleider, aber er brauchte Milch, denn kaum waren die Ratten erledigt, musste die Katze hungern. Und so konnte der arme Kerl gar nicht mehr meditieren, da ständig die Katze um ihn rum war, sie miaute und maulte und strich ihm wieder und wieder um die Beine. Er ging zu den Dorfbewohnern und die sagten: „Knifflige Sache ... jetzt werden wir dich mit Milch versorgen müssen. Wir können dir eine Kuh geben. Damit das aufhört, kannst du die Kuh behalten. Von der Milch kannst du selbst und deine Katze leben. Dann brauchst du auch nicht mehr tagtäglich bei uns um dein Essen zu betteln."

Der Vorschlag überzeugte ihn vollends. Er nahm die Kuh an. Jetzt kam die Welt in Gang – auf die Art kommt die Welt immer in Gang –, die Kuh brauchte Gras, und die Leute sagten: „Sobald wir Zeit haben, werden wir den Wald roden und den Boden bestellen. Dann säst du Weizen und dergleichen aus und lässt ein Stück als Kuhweide."

Gesagt, getan: Sobald sie konnten, rodeten die Leute den Wald, bereiteten den Boden und er säte Weizen. Aber nun hatte er ein neues Problem: Wie das alles bewässern? Und von früh bis spät musste der Ärmste sich um das Feld kümmern. Keine Zeit zum Meditieren, keine Zeit, die heiligen Schriften zu lesen ... Wieder ging er ins Dorf und sagte: „Ich versinke tiefer und tiefer in Problemen. Jetzt weiß ich gar nicht mehr, wann ich meditieren soll – dafür ist keine Zeit mehr."

Sie sagten: „Hör zu. Eben ist eine Frau hier Witwe geworden, und sie ist jung und wir wollen nicht, dass sie den jungen Burschen im Dorf den Kopf verdreht. Nimm sie bitte mit. Und so gesund, wie sie ist, kann sie sich um dein Feld, die Kuh, die Katze kümmern, und sie kann dich bekochen ... und außerdem ist sie sehr fromm. Hab also keine Sorge, sie wird dich nicht stören."

So ist halt der Lauf der Welt ... Siehst du, wie weit die Katze den Mann bereits von seinem Weg abgebracht hat?

So kam denn die Frau und nahm sich seiner an, und für kurze Zeit war er vergnügt und zufrieden. Und als sie ihm auch noch anfing die Füße zu massieren ... langsam aber sicher kam es, wie es kommen musste: Sie heirateten. Und wenn Inder heiraten, mindestens ein Dutzend Kinder ... ein Dutzend ist das Minimum! Und somit denn Adieu alle Meditation, Adieu alles Sannyas.

Er erinnerte sich erst, als er starb. Da fiel ihm wieder ein, was *sein* Meister ihm sterbend gesagt hatte: ‚Hüte dich vor den Katzen!' Genau dasselbe hat er zu dir gesagt. Jetzt hüte du dich vor den Katzen! Ein einziger Schritt in die falsche Richtung, und du bist auf den falschen Weg geraten. Und deine Vorstellungswelt nimmst du mit, wohin du auch gehst."

Ich bin auch im Himalaja gewesen. Einmal hielt ich mich mit zwei Freunden tief im Himalaja auf. Wir fanden eine leere Höhle; sie war so schön, dass wir dort übernachteten. Am Morgen kam ein Mönch und sagte: „Raus hier! Das ist meine Höhle!"

Ich sagte: „Wie könnte diese Höhle dir gehören? Ich begreife nicht – dies ist eine natürliche Höhle. Die kannst du doch nicht für dich beanspruchen – du hast sie nicht gebaut. Und du hast doch der Welt entsagt … deinem Haus, deiner Frau, deinen Kindern, deinem Geld und allem, und jetzt tönst du: ‚Das ist meine Höhle! Raus mit euch!'? Das ist niemandes Höhle!"

Er war sehr wütend. Er sagte: „Ihr kennt mich nicht – nehmt euch vor mir in Acht! Ich kann sie euch nicht überlassen. Ich lebe schon seit dreizehn Jahren in dieser Höhle!"

Wir provozierten ihn, was wir konnten, bis er lichterloh brannte, bereit zu kämpfen, bereit zu töten! Und dann sagte ich zu ihm: „Warte – wir werden gehen. Wir haben dir nur etwas auf den Zahn gefühlt, um dir zu beweisen, dass du, obwohl dreizehn Jahre vergangen sind, immer noch dieselbe Einstellung hast. Jetzt ‚gehört diese Höhle dir', nur, weil du seit dreizehn Jahren darin gewohnt hast. Du hast sie nicht bei deiner Geburt mitgebracht und du wirst sie nicht mitnehmen, wenn du stirbst. Und wir werden nicht ewig hier bleiben wir haben hier nur übernachtet. Wir sind nur Wanderer, keine Mönche. Ich bin nur hergekommen um zu sehen, wie viele Dummköpfe in dieser Gegend wohnen – aber du scheinst von allen der Größte zu sein!“

Ihr könnt der Welt den Rücken kehren … ihr werdet dieselben bleiben. Ihr werdet dieselbe Welt wiederherstellen, weil ihr ihren Bauplan im Kopf habt. Es kommt nicht darauf an, die Welt zu verlassen, es kommt darauf an, seinen Kopf zu verändern, seinem Kopf zu entsagen. Genau das heißt Meditation.

6. Kapitel

MEDITATION IST DER WEG ZUR SELIGKEIT

SELIGKEIT IST DER ZWECK DES LEBENS, MEDITATION IST DAS Mittel, der Weg dahin. Seligkeit ist das Ziel; Meditation ist die Brücke, das Boot, das dich ans andere Ufer bringt. Ohne Meditation hat niemand je kennengelernt, was Seligkeit heißt. Es ist nicht Vergnügen. Vergnügen ist physiologisch, chemisch; es hat keine Tiefe und es ist sehr flüchtig. Zum Beispiel ist ein sexueller Orgasmus Vergnügen. Einen Moment lang fühlst du dich ganz obenauf, aber nur für einen Moment. Und danach setzt eine tiefe Traurigkeit und Niedergeschlagenheit ein; darum schlaft ihr nach dem Liebesakt sofort ein. Auf die Art umgeht ihr die Traurigkeit, die zwangsläufig kommen muss.

Beobachtet Tiere beim Begatten; wenn sie damit fertig sind, werdet ihr sogar auf ihren Gesichtern Traurigkeit sehen. Ekstatisch scheinen sie nicht zu sein. Wenn ihr genauer hinschaut, werdet ihr sehen, dass sie enttäuscht sind und das Gefühl haben, betrogen worden zu sein. Und das ist tatsächlich eine List der Natur: Die Natur betrügt euch. Sie hat dabei ihre Absichten. Die Natur möchte die Arten erhalten, und dafür hat sie sich raffinierte Mittel ausgedacht. Das raffinierteste ist das Vergnügen, dass es euch einen Moment lang bringt. Nur um dieses Vergnügens willen seid ihr bereit, euch fortzupflanzen. Wenn es euch gar keinen Spaß machte, sähen all die sexuellen Verrenkungen einfach lächerlich aus, so wie Gymnastik oder Yoga-Übungen … Ihr kämt euch idiotisch vor.

Nur um dieses Vergnügens willen ist man bereit, ständig alle möglichen dummen Sachen zu machen. Aber das ist nur etwas Chemisches, Hormonelles, Physiologisches; ihm fehlt die Tiefe, denn die Physiologie ist nicht tief.

Glückseligkeit ist nicht einmal Glück. Was wir Glück nennen, ist psychologisch. Jedes Mal, wenn ihr mal einen Augenblick lang in gehobener Stimmung seid, befriedigt das euer Ego, fühlt ihr euch glücklich. Du bist Präsident eines Landes geworden, das macht dich glücklich – aber nur vorübergehend, weil dein Ego befriedigt ist. Du hast alle Mitbewerber abgehängt, du bist angekommen; wo andere gescheitert sind, hast du Erfolg gehabt … oder du hast viel Geld, Macht, Ansehen, Ruhm. Doch schon bald hat man das alles satt.

Nur Erfolgreiche wissen, wie sehr Erfolg ermüdet. Nur Reiche wissen, wie tief enttäuscht sie sind – aber das dürfen sie nicht einmal sagen, denn würden sie es sagen, klänge es nur noch törichter, alle würden sie auslachen: „Da haben sie nun ihr ganzes Leben damit vertan, Reichtum anzuhäufen, und jetzt nennen sie das dumm!"

Mahavir und Buddha, die beide auf ihr Reich verzichteten, müssen wahrhaft beherzte Männer gewesen sein. Zu so einem Verzicht gehört Courage. Es gehört Courage dazu, die Tatsache zu erkennen: „Das war alles dumm und wir haben bisher ein dummes Leben geführt." Das Ego will da nicht mitmachen; das Ego möchte die Illusion aufrecht erhalten. Also lächelt man oberflächlich weiter, aber tief drinnen muss man nur weinen und sonst nichts, tief drinnen quält man sich ab.

Immer wenn das Ego befriedigt ist, fühlt ihr euch glücklich – Seligkeit ist aber etwas völlig anderes als Glück. Sie ist nicht Vergnügen, denn sie ist nichts Physiologisches. Sie ist deshalb kein Glück, weil sie nicht das Ego befriedigt. Im Gegenteil, sie ist die Auflösung des Egos, Seligkeit kommt dadurch zustande, dass sich deine getrennte Wesenheit ins Ganze auflöst. Nur darum geht es beim Meditieren: Ums Verschmelzen, um die Auflösung ins Ganze – dass du völlig vergisst, dich für getrennt zu halten und dich an deine Einheit mit dem Ganzen erinnerst.

Darum nannte Gurdjieff den Meditationsprozess, den er lehrte, immer „Selbst-Erinnerung“ und es ist tatsächlich ein Sich-Erinnern. Buddha sprach vom „richtigen Erinnern“.

Wir sind eins mit dem Ganzen, selbst wenn wir meinen, getrennt zu sein. Wir sind untrennbar. Nur dadurch, dass wir uns für getrennt halten, können wir nicht getrennt werden. Alles, was nottut, ist eine Rückerinnerung, alles, was nottut, ist, diesen Wahn aufzugeben, getrennt zu sein. Und in jenen seltenen Augenblicken, da es dir gelingt, dein Ego, deine Persönlichkeit, deinen Körper-Geist-Komplex beiseite zu lassen, und du nur noch ein Beobachter, ein Zeuge, ein Bewusstsein bist, lernst du deinen ersten Geschmack von Meditation kennen. Und damit einher geht sofort eine große Seligkeit … sie stürmt von allen Seiten, aus allen Himmelsrichtungen auf dich zu. All deine innere Leere wird augenblicklich gefüllt. Sie wird zu einem See von Glückseligkeit. Das ist das Ziel, und die Methode und das Mittel ist Meditation. Es gibt keine andere Methode, es gibt keinen anderen Weg.

Folglich muss man lernen, den Geist der Meditation in sich aufzunehmen. Egal wie lange es dauert, egal welchen

Preis man dafür zahlen muss – man muss dazu bereit sein. Sobald du bereit bist, nach ihr zu streben, koste es, was es wolle, ist es nicht weiter schwer. Durch diese Bereitschaft selbst wirst du ihrer würdig, und dann wird alles ganz einfach.

Kapitel 7

JEDER IST EIN GEBORENER MYSTIKER

Zweifellos ist Meditation etwas für Mystiker. Warum empfiehlst du sie gewöhnlichen Menschen und ihren Kindern?

ERSTENS IST MIR NOCH NIE EIN GEWÖHNLICHER MENSCH begegnet. Gewöhnliche Menschen gibt es gar nicht; sie sind nur von Egoisten erfunden worden. Der Egoist muss den „Gewöhnlichen" erfinden – nur so hat sein Ego Bestand, ist es von Dauer. Kein einziger Mensch ist gewöhnlich, denn jeder einzelne Mensch ist einmalig! Jeder einzelne Mensch wird von Gott geschaffen – wie könnte er gewöhnlich sein? Gott erschafft nie das Gewöhnliche. Alles, was er erschafft, ist einmalig. Jeder Einzelne ist so einmalig, dass es ihn nie zweimal gibt. Dich hat es nie zuvor gegeben, dich wird es nie wieder geben. Du kannst niemanden finden, der genau wie du ist.

Und das gilt nicht nur für Menschen ... Nicht einmal Tiere, nicht einmal Bäume, nicht einmal Kieselsteine an einem Strand – nicht einmal zwei Kieselsteine – gleichen sich. Was immer Gottes Unterschrift trägt, ist das Eigentliche, nie das Gewöhnliche.

Gott ist kein Produzent, sondern ein Schöpfer. Er produziert keine Menschen wie Autos am Fließband. Fordautos können massenweise haargenau gleich sein – das ist der

Unterschied zwischen einer Maschine und einem Menschen. Eine Maschine kann reproduziert werden, ein Mensch nicht; und sobald du anfängst zu reproduzieren, zu imitieren, wirst du wie eine Maschine – dann hast du die Achtung vor deinem Menschsein verloren.

Du sagst: „Zweifellos ist Meditation etwas für Mystiker." Da hast du Recht, zweifellos, aber jeder ist ein geborener Mystiker – weil jeder ein großes Mysterium in sich trägt, welches erkannt werden muss. Jeder trägt ein großes Potenzial in sich, das aktualisiert werden muss. Jeder wird mit einer Zukunft geboren. Jeder hat Hoffnung. Was meinst du mit „Mystiker"? Ein Mystiker ist einer, der das Mysterium des Lebens erkennen will, der sich ins Unbekannte wagt, der sich ins Unerforschte wagt, der das Leben eines Abenteurers, eines Forschers führt.

Aber jedes Kind fängt so an – voller Ehrfurcht, voller Staunen, mit einem großen Fragezeichen im Herzen. Jedes Kind ist ein Mystiker, aber irgendwo auf dem Wege eures so genannten Erwachsenwerdens verliert ihr den Kontakt zu eurer inneren Anlage zum Mystiker, und ihr werdet ein Geschäftsmann oder Angestellter oder Finanzbeamter oder Pastor. Jedenfalls werdet ihr etwas anderes, und dann fangt ihr an, euch dafür zu halten. Und wenn ihr es glaubt, ist es so. Woran ich hier arbeite, ist, eure falschen Vorstellungen von euch selber zu zerschlagen und den Mystiker in euch freizusetzen. Meditation ist eine Möglichkeit, dies zu tun, und zwar für alle, ohne jede Ausnahme – es kann keine Ausnahme geben.

„Zweifellos ist Meditation etwas für Mystiker. Warum empfiehlst du sie gewöhnlichen Menschen und ihren Kindern?" Niemand ist gewöhnlich; und Kinder sind am begabtesten.

Sie sind natürliche Mystiker. Und ehe sie von der Gesellschaft zerstört werden, ehe sie von anderen Robotern zerstört werden, von anderen verkorksten Leuten, ist es besser, sie schon mal etwas mit Meditation vertraut zu machen.

Meditation ist keine Prägung, denn Meditation ist keine Indoktrination. Mit Meditation vermittelt man ihnen kein Credo. Wenn man ein Kind christlich machen will, muss man es ein Glaubensbekenntnis lehren, muss man es zwingen, an Dinge zu glauben, die ihm natürlich absurd vorkommen. Man muss dem Kind erzählen, dass Jesus von einer jungfräulichen Mutter geboren wurde – darauf baut alles auf. Damit zerstört ihr die natürliche Intelligenz des Kindes. Wenn es euch nicht glaubt, werdet ihr wütend, und natürlich habt ihr Macht und könnt das Kind bestrafen. Ihr könnt das Kind auf so manche Weise quälen. Wenn es euch glaubt, verstößt das gegen seine angeborene Intelligenz. Ihm kommt es wie Unsinn vor, aber es hat sich nach euch zu richten. Und sobald es sich kompromittiert hat, beginnt es, seine Intelligenz zu verlieren, wird es dumm.

Auch wenn man ein Kind zu einem Muslim erzieht, müsste man ihm lauter Absurditäten beibringen. Und dasselbe gilt für den Hinduismus und für alle anderen Glaubensbekenntnisse und Dogmen. Wenn ihr dem Kind Meditation beibringt, indoktriniert ihr es nicht. Ihr drängt ihm keine Glaubenssätze auf, sondern ladet es nur zu einem Experiment im Nichtdenken ein. Nichtdenken ist keine Doktrin, sondern eine Erfahrung.

Und Kinder sind ausgesprochen fähig dazu, weil sie der Quelle noch sehr nahe sind. Sie sind gerade erst von Gott gekommen! Sie können sich noch etwas an das Mysterium erinnern. Sie haben jene andere Welt eben erst verlassen, sie haben sie noch nicht völlig vergessen. Früher oder später werden sie vergessen, aber der Duft schwebt noch um sie. Darum sehen alle Kinder so schön, so anmutig aus. Habt ihr je ein hässliches Kind gesehen?

Was wird dann aus all diesen schönen Kindern? Wohin verschwinden sie? Später im Leben sind kaum noch schöne Menschen zu finden. Was passiert mit all den schönen Kindern? Warum verwandeln sie sich in hässliche Leute? Welcher Unfall, welche Katastrophe ereilt sie unterwegs?

Am Tag, da sie beginnen, ihre Intelligenz zu verlieren, beginnen sie, ihre Anmut zu verlieren, beginnen sie, ihren natürlichen Rhythmus, ihre natürliche Eleganz zu verlieren und werden unecht. Sie lachen nicht mehr spontan, sie weinen nicht mehr spontan, sie tanzen nicht mehr spontan: Ihr habt sie in einem Käfig, einer Zwangsjacke eingesperrt, ihr habt sie eingekerkert.

Die Ketten sind sehr versteckt, sie sind nicht sehr sichtbar. Die Ketten liefert das Denken – christlich, hinduistisch, muslimisch. Ihr habt das Kind in Ketten gelegt, aber es kann die Ketten nicht sehen, also kann es auch nicht erkennen, wie es angekettet ist. Und es wird sein ganzes Leben lang leiden. Es ist eine solche Gefangenschaft! Nicht, dass da ein Mensch ins Gefängnis geworfen wird – vielmehr wird ein Mensch in ein Gefängnis gezwängt, sodass ihn das Gefängnis, er mag hingehen wo er will, immer einhüllt wie ein Mantel. Er mag in den Himalaja gehen und sich in eine Höhle setzen, aber er wird ein Hindu bleiben, er wird ein Christ bleiben – und nach wie vor genauso denken.

Meditation ist ein Weg, tief nach innen zu gehen, dorthin, wo es keine Gedanken mehr gibt; folglich ist sie auch keine Indoktrination. Sie lehrt euch nichts, vielmehr macht sie euch nur eure innere Fähigkeit bewusst, ohne Gedanken zu sein, ohne im Kopf zu sein. Und das geht am besten, wenn das Kind noch unverdorben ist.

8. Kapitel

DER VERSTAND IST EIN PLAPPERMAUL

DER VERSTAND IST EINFACH EIN BIOCOMPUTER. WENN DAS Kind geboren wird, ist es nicht im Verstand; es plappert nicht ständig in ihm. Bis dieser Mechanismus in Gang kommt, vergehen fast drei bis vier Jahre. Und ihr werdet feststellen, dass Mädchen eher zu sprechen anfangen als Jungen. Sie sind größere Plappermäuler, ihr Biocomputer funktioniert einfach besser!

Erst muss man ihn mit Informationen speisen. Darum bleibt ihr, wenn ihr eure Lebenserinnerung rückwärts zu verfolgen versucht, irgendwo ums vierte Lebensjahr herum stecken, falls ihr männlich seid, oder, falls ihr weiblich seid, ums dritte Lebensjahr herum. Danach kommt nichts mehr. Ihr wart aber da – es muss vieles geschehen sein, es muss sich vieles ereignet haben, aber offenbar wurden keine Erinnerungen aufgezeichnet, daher wisst ihr nichts mehr. Aber bis ins vierte oder dritte Lebensjahr könnt ihr euch noch ganz klar erinnern.

Der Verstand bezieht seine Daten von den Eltern, von der Schule, von anderen Kindern, Nachbarn, Verwandten, der Gesellschaft, den Kirchen ... seine Quellen sind überall. Und ihr habt sicher schon mal kleine Kinder beobachtet ... Wenn sie gerade anfangen zu sprechen, wiederholen sie dasselbe Wort immer wieder. Welche Freude! – in ihnen hat sich die Maschine in Gang gesetzt.

Sobald sie Sätze bilden können, macht ihnen das so viel Spaß, dass sie sie immerzu wiederholen. Wenn sie anfangen, Fragen zu stellen, fragen sie nach allem und jedem. Eure Antworten interessieren sie gar nicht, denkt daran! Beobachtet ein Kind, wenn es eine Frage stellt: Es interessiert sich nicht für eure Antwort, also gebt ihm keine lange Antwort aus dem Universallexikon. Das Kind will nicht eure Antwort wissen; das Kind genießt einfach nur, dass es fragen kann. Eine neue Fähigkeit hat sich in ihm entwickelt!

Und auf die Art und Weise sammelt es immer mehr; danach beginnt es zu lesen … noch mehr Wörter! Und in dieser Gesellschaft ist Schweigen nichts wert; Wörter schon, und je artikulierter du bist, desto mehr bist du wert. Was sind denn eure Anführer? Was sind eure Politiker? Was sind eure Professoren? Was sind eure Priester, Theologen und Philosophen? Mit einem Wort – sie sind sehr wortgewandt. Sie verstehen Wörter bedeutungsvoll zu gebrauchen, sinnvoll und immer wieder – und damit können sie anderen imponieren.

Nur selten will man wahrhaben, dass unsere gesamte Gesellschaft von den Redegewandten beherrscht wird. Sie mögen gar nichts wissen; sie mögen nicht weise sein, sie mögen noch nicht einmal intelligent sein. Aber Eines steht fest: Sie verstehen es mit Worten zu spielen. Das ist ein Spiel, und sie haben es erlernt. Und es macht sich mit Ansehen, mit Geld, mit Macht bezahlt – in jeder Hinsicht. Und so versuchen es alle, und man stopft seinen Verstand mit vielen Wörtern, vielen Gedanken voll.

Ihr könnt jeden Computer an- oder ausschalten – aber euren Verstand könnt ihr nicht abschalten. Diesen Schalter gibt es nicht. Die Bibel erwähnt mit keinem Wort, dass

Gott, als er den Menschen erschuf, ihm einen Schalter für seinen Verstand mitgab, damit ihr ihn an- oder ausschalten könnt. Es gibt keinen Schalter, also läuft er immerzu, von der Wiege bis zur Bahre.

Es wird euch überraschen, dass die Leute, die etwas von Computern verstehen und etwas vom menschlichen Gehirn verstehen, eine sehr merkwürdige Vorstellung haben. Wenn wir dem Schädel eines Menschen das Gehirn entnehmen und es maschinell am Leben erhalten, dann könnte es vielleicht, so spekulieren sie, immer so weiterplappern wie zuvor. Dem Gehirn ist es egal, dass es jetzt nicht mehr an den Ärmsten gekoppelt ist, der unter ihm litt; es träumt immer noch. Nun, da es an Maschinen angeschlossen ist, träumt es immer noch, fantasiert es noch, hat es immer noch Angst, schmiedet es immer noch Pläne, will es unbedingt dieses oder jenes sein. Und es hat keine Ahnung, dass es jetzt nichts mehr ausrichten kann: Die Person, an die es immer angeschlossen war, ist nicht mehr da.

Man kann dieses Gehirn, angeschlossen an mechanische Apparate, Jahrtausende lang in Gang halten, und es wird immerzu weiter plappern, seine Runden drehen – immer dieselben Sachen, da wir es bisher nicht vermocht haben, ihm neue Dinge beizubringen. Sobald wir das können, wird es neue Dinge nachplappern.

In naturwissenschaftlichen Kreisen geht der Gedanke um, was für eine wahnsinnige Verschwendung es sei, dass, wenn ein Mann wie Albert Einstein stirbt, auch sein Gehirn stirbt. Wenn wir das Gehirn retten und es in einen anderen Menschen verpflanzen könnten, dann könnte sein Gehirn weiter funktionieren. Es spielt keine Rolle, ob Albert Einstein lebt oder nicht; aber sein Gehirn wird dann weiterhin über die Relativitätstheorie, über die Sterne und andere Theorien nachdenken können. Man stellt sich vor, dass die Leute, genauso wie sie Blut spenden oder vor ihrem Tod ihre Augen spenden, auch ihr Gehirn spenden sollten, damit ihr Gehirn erhalten bleibt. Wenn wir den Eindruck haben, dass jemand ein besonderes Gehirn hat, hoch qualifiziert – und es reine Verschwendung wäre, es sterben zu lassen – dann könnten wir es transplantieren. Irgendein Idiot kann in einen Albert Einstein verwandelt werden, und der Idiot wird es nie erfahren, weil es im Schädel des Menschen unempfindlich ist; man kann alles ändern, und der Betroffene wird es nie wissen. Man braucht ihn nur zu betäuben, dann kann man alles in seinem Gehirn ändern, was man will ... das ganze Gehirn kann man ändern. Und dann wird er mit dem neuen Gehirn wieder aufwachen, mit dem neuen Geplapper, und wird nicht einmal ahnen, was da passiert ist!

Dieses Geplapper ist unsere Bildung, und die ist grundsätzlich falsch, weil sie einem nur den halben Vorgang beibringt – den Verstand zu benutzen. Sie bringt einem nicht bei, wie man ihn abschaltet, damit er sich erholen kann ... denn selbst wenn ihr schlaft, läuft er weiter. Er kennt keinen Schlaf. Siebzig, achtzig Jahre lang funktioniert er nur, ununterbrochen.

Wenn wir ihm beibringen könnten ... und genau das versuche ich, euch klar zu machen: dass es möglich ist! Wir nennen das Meditation. Es ist möglich, einen Schalter am Verstand anzubringen und ihn, wenn er nicht gebraucht wird, abzuschalten. Das ist doppelt hilfreich: Du wirst einen Frieden, eine Stille kennenlernen, wie du sie noch nie gekannt hast, und du wirst dich selber kennenlernen – was aufgrund des Geplappers nicht möglich ist, da er dich ständig beschäftigt gehalten hat. Zweitens darf dein Verstand dann auch mal ausruhen. Und wenn wir dem Verstand Ruhe gönnen, wird er umso fähiger werden, alles wirksamer, intelligenter zu erledigen.

Auf beiden Seiten also – auf der Seite des Verstandes und auf der Seite des Seins – wird dir das guttun; du musst nur lernen, den Verstand auch mal abzuschalten, zu ihm zu sagen: „Es reicht, leg dich jetzt schlafen. Ich bin wach, keine Sorge." Benutze den Verstand, wenn er gebraucht wird, und dann ist er ausgeschlafen, jung, voll Saft und Kraft. Dann ist alles, was du sagst, nicht nur leeres Gerede, sondern voller Leben, voller Autorität, voller Wahrheit, Aufrichtigkeit und hat enorme Bedeutung. Du magst dieselben Worte gebrauchen, aber jetzt, da der Verstand ausgeruht ist, hat er so viel Macht gewonnen, dass jedes Wort, das er gebraucht, zu Feuer, zu Macht wird.

Das, was man in der Welt als Charisma bezeichnet, ist einfach nur ein Verstand, der sich entspannen und Energie ansammeln kann, sodass er, wenn er spricht, Dichtung spricht; wenn er spricht, ein Evangelium verkündet; wenn er spricht, nichts mit Beweisen oder Logik zu untermauern braucht – da schon seine eigene Energie ausreicht, um andere zu beeinflussen. Und seit jeher wissen die Menschen, dass es da etwas gibt … obwohl sie es nie vermocht haben, genau den Finger darauf zu legen, was es mit diesem so genannten Charisma auf sich hat.

Vielleicht bin ich der Erste, der euch sagt, was Charisma ist, denn ich spreche aus eigener Erfahrung. Ein Geist, der Tag und Nacht arbeitet, wird zwangsläufig schwach, matt, farblos, lahmt irgendwie. Allenfalls ist er nützlich: Er hilft dir, Gemüse einzukaufen. Aber darüber hinaus ist er machtlos. Somit bleiben Millionen von Menschen, die Charismatiker hätten sein können, ärmlich, blass, ohne Autorität und Durchsetzungsvermögen.

Wenn dies möglich ist – und das ist es! –, nämlich seinen Verstand zum Schweigen zu bringen und ihn nur dann zu wecken, wenn er gebraucht wird; dann kommt er mit Brausen. Er hat so viel Energie angesammelt, dass einem jedes ausgesprochene Wort direkt zu Herzen geht. Die Leute halten den Geist solcher Charismatiker für hypnotisch; er ist nicht hypnotisch. In Wirklichkeit ist er nur mächtig, strotzt vor Lebendigkeit ... in ihm herrscht immerzu Frühling. Soweit der Geist...

Für das Sein öffnet die Stille ein neues Universum der Ewigkeit, der Todlosigkeit, mit allen nur denkbaren Segnungen – ein einziger Segen! Daher werde ich nicht müde zu betonen, dass Meditation die eigentliche Religion ist, die einzige Religion. Alles andere ist unwesentliches Ritual. Meditation ist die Essenz, die wirkliche Essenz. Es ist nicht weiter reduzierbar. Und sie gibt euch beide Welten. Sie gibt euch das Jenseitige – das Göttliche, die Welt der Göttlichkeit – und sie gibt euch auch das Diesseitige. Dann seid ihr nicht arm. Ihr habt Reichtum, der nichts mit Geld zu tun hat.

Es gibt viele Arten von Reichtum, und wer reich ist aufgrund von Geld, der steht auf der Leiter des Reichtums auf der untersten Stufe. Lasst es mich so sagen: Der Geldsack ist der ärmste Reiche. Oder er ist, vom Standpunkt der Armen aus, der reichste Arme. Vom Standpunkt eines Schöpferischen, eines Künstlers, eines Tänzers, eines Musikers, eines Wissenschaftlers, ist er der ärmste Reiche. Und was die

Welt des letztmöglichen Erwachens angeht, kann man ihn nicht einmal reich nennen.

Meditation wird euch letztlich reich machen, denn sie schenkt euch sowohl die Welt eures innersten Seins, als auch einen gewissen Wohlstand; denn sie setzt all eure Geisteskräfte für eure Talente frei. Meiner Erfahrung nach wird jeder mit einem bestimmten Talent geboren, und so lange er sein Talent nicht vollends auslebt, wird ihm innerlich etwas fehlen. Er wird immerzu das Gefühl haben, dass irgendwie etwas abwesend ist, das da sein sollte.

Lasst euren Geist ausruhen – er braucht es! Und das geht ganz einfach: Werdet einfach sein Zeuge. Und das wird euch beides schenken. Nach und nach wird der Geist lernen, still zu sein. Und sobald er weiß, welche Macht er entfaltet, indem er still ist, hören seine Wörter auf, nur Wörter zu sein; sie bekommen eine Gültigkeit und eine Fülle und eine Qualität wie nie zuvor – in einem Maße, dass sie unmittelbar treffen, wie Pfeile. Sie fliegen an den logischen Hürden vorbei und erreichen direkt das innerste Herz.

Dann ist der Verstand ein guter Diener mit enormer Kraft in den Händen der Stille. Dann ist das Sein der Herr im Hause, der als Hausherr den Verstand einsetzen kann, wenn er ihn braucht und ihn abschalten kann, wenn er ihn nicht braucht.

9. Kapitel

ÜBER ZEIT, ZEITGEFÜHL UND ZEITGEIST

DER VERSTAND KANN NUR IN DER GESELLSCHAFT EXISTIEREN; der Verstand ist ein soziales Phänomen, der andere braucht. Du kannst nicht wütend werden, wenn du allein bist, denn wer allein wütend wird, kommt sich albern vor. Du kannst nicht alleine traurig sein, denn dann ist kein Anlass da; du kannst nicht alleine gewalttätig sein, denn dazu ist ein anderer nötig. Du kannst nicht reden, du kannst nicht dauernd weiterplappern. Du kannst den Verstand nicht einsetzen, der Verstand kann nicht funktionieren – und wenn der Verstand nicht funktionieren kann, wird er ängstlich und besorgt. Er muss funktionieren können, er muss mit irgendwem kommunizieren können.

Der Verstand ist ein soziales Phänomen, eine gesellschaftliche Begleiterscheinung. Und das ist nicht erst in der modernen Gesellschaft so, sondern schon immer so gewesen. Selbst in grauer Vorzeit war ein Sucher, der sich in die Einöde zurückzog, bereits ängstlich, bereits besorgt, war er anfangs niedergeschlagen. Das liegt nicht etwa am Verstand, sondern am Mangel an Geduld. Der Verstand ist immer gleich, ob heute oder früher; aber in den alten Zeiten waren die Leute geduldiger, konnten sie warten. Ihr seid nicht geduldig – das ist das Problem. Sie hatten kein Zeitgefühl und ihr habt ein Zeitgefühl.

In alten Zeiten, in der alten Welt – vor allem im Orient –

gab es kein Zeitgefühl. Darum wurden die Zeitmesser und Armbanduhren nicht im Orient erfunden. In China hätten sie eher erfunden werden können als in Indien, denn dort hatte man bereits vieles erfunden und hätte man durchaus auch Uhren erfinden können, um die Zeit zu messen; aber die Zeit interessierte sie gar nicht.

Der Geist der Moderne ist allzu interessiert an der Zeit. Warum? Das gehört zum christlichen Einfluss auf die Welt. Mit Christentum und Islam kam das Zeitgefühl in die Welt. Das hat seine Gründe ...

Im Osten war man seit je überzeugt, das Leben gehe für immer und ewig weiter. Es sei ewig, es sei zeitlos – also brauche man sich nicht zu beeilen. Du wirst wieder und wieder auf dieser Welt sein. Millionen Male warst du schon hier und Millionen Male wirst du wieder hier sein; wozu sich beeilen? Dies Leben ist weder dein letztes noch dein erstes, sondern eine lange Abfolge, und du befindest dich stets in der Mitte – es gibt keinen Anfang und kein Ende. Also wird die Zeit niemals knapp; du hast genug Zeit – mehr als genug.

Für das Christentum gibt es nur dies eine Leben – es ist dein erstes und letztes. Sobald du stirbst, hast du keine Zeit mehr; also hast du nur eine Zeitspanne von höchstens siebzig Jahren. Da hast du alle Hände voll zu tun, und kaum Zeit dafür. Darum hetzt sich der Westen so ab; alle sind nur am Rennen, da das Leben vergeht. Mit jedem Augenblick wird das Leben kürzer und kürzer. Die Zeit verstreicht ... du musst sterben, und du hast so viele unerfüllte Wünsche, aber keine Zeit, sie zu erfüllen! So entsteht Angst.

Im Osten war das vollkommen anders. In einer alten tibetischen Schrift heißt es: „Selbst wenn du es eilig hast, geh langsam!“ Selbst wenn du dich beeilen musst, lass dir Zeit. Man sagt: „Wenn du rennst, kommst du nie an; du kannst nur sitzend ans Ziel kommen; wer rennt, verfehlt es.“ In diesem endlosen Nacheinander … viele Leben, Millionen von Leben, man hatte genug Zeit … konnte man Geduld haben. Im Westen hat man nur ein einziges Leben, und mit jedem Augenblick des Lebens rückt der Tod näher; nichts wird erfüllt, jeder Wunsch bleibt offen, alles bleibt unabgeschlossen – wie kann man da geduldig sein? Wie kann man da warten? Warten ist unmöglich geworden. Durch die Idee von einem einzigen Leben, und durch die Idee von der linearen Zeiteinteilung hat das Christentum Angst in unser Denken gebracht; und heute steht die ganze Welt unter dem Einfluss des Christentums.

Dem Christentum zufolge verläuft die Zeit nicht im Kreise, sondern auf einer geraden Linie. Nichts wird je wiederholt, somit ist alles einmalig. Jedes Ereignis ist einmalig, es wird nicht wiederholt. Es ist kein Kreis, dreht sich nicht wie ein Wagenrad, wo jede Speiche wiederkommen wird, wo jede Speiche wieder und wieder nach oben kommt.

Im Osten stellt man sich die Zeit wie einen Kreis vor, genauso, wie sich die Jahreszeiten im Kreise drehen. Der Sommer kommt, und er wird immer wieder kommen, und so ist es schon immer gewesen, und so wird es immer bleiben. Und die östliche Vorstellung kommt der Wahrheit näher als die westliche, weil jede Bewegung kreisförmig ist. Die Erde bewegt sich im Kreise, die Sonne bewegt sich im Kreis, die Sterne bewegen sich im Kreis, das Leben bewegt sich im Kreis – jede Bewegung ist kreisförmig. Also kann die Zeit keine Ausnahme sein; wenn sich die Zeit überhaupt bewegt, dann im Kreise.

Die lineare, gradlinige Zeitvorstellung stimmt absolut nicht. Das ist der Grund, warum wir uns im Osten nie für Geschichte interessiert haben. Wir haben uns für Mythen interessiert, aber nie für Geschichte. „Die Geschichte" ist eine westliche Erfindung. Darum konnte Jesus zum Dreh- und Angelpunkt der Geschichte werden, zum Anfang des Kalenders. Wir teilen die Zeit in „vor Christi Geburt" und „nach Christi Geburt" ein. Christus wurde zum Nabel aller Geschichte, zur ersten historischen Gestalt.

Buddha ist nicht historisch; Krishna kein bisschen – es ist völlig ungewiss, ob Krishna überhaupt je geboren wurde, ob er nun ein Märchen war oder Geschichte. Aber darüber hat sich der Osten nie den Kopf zerbrochen. Dort heißt es, dass alles ein Märchen sei, und dass es schon viele Male erzählt wurde und noch viele Male erzählt werden wird. Um Fakten braucht man sich nicht zu kümmern, denn Fakten wiederholen sich ständig. Man befasse sich besser mit dem Thema statt mit den Fakten. Schon möglich, dass ihr euch deshalb so manches nicht erklären könnt...

So heißt es zum Beispiel, dass Valmiki, einer der Avatare von Indien, die Geschichte von Rama aufgeschrieben habe – ehe dieser überhaupt geboren wurde! Das ist unmöglich. Wie kann man die Geschichte von einem schreiben, der noch gar nicht geboren ist?! Aber Rama musste sich Wort für Wort an die Geschichte halten, die Valmiki zuvor geschrieben hatte! Wie das passieren konnte, ist mysteriös, aber keineswegs mysteriös, wenn ihr euch die orientalische Zeitvorstellung vor Augen führt.

Valmiki sagt: „Ich kenne Rama, da er bereits in vielen Zeitaltern zuvor geboren wurde – ich kenne das Thema genau. Also schreib ich die Geschichte, denn das Thema –

das Wesentliche – kenne ich. Aus dem Unwesentlichen mache ich eine Geschichte."

Und Rama muss gedacht haben: „Warum Valmiki widersprechen? Warum diesem Greis widersprechen? Halte dich dran!" Und er hielt sich dran.

Der Osten lebt im Mythos. Mythos bedeutet: ewige Wiederkehr desselben; das Wesentliche bleibt sich stets gleich. Dem Westen bedeutet Mythos nichts. Wer nachweisen kann, dass etwas ein Mythos ist, will es entwerten. Man muss nachweisen, dass es geschichtlich ist, dass es in der Zeit geschah. Da hat man genau zu sein!

Die lineare Zeitvorstellung von einem sich nie wiederholenden Leben weckt Ängste; wer sich also aufs Schweigen einlässt, aufs Alleinsein, dem wird angst und bange. Zum einen ist es Zeitverschwendung: Du tust nichts, du sitzt einfach nur da. Wie kannst du dein Leben so vergeuden?! Und diese Zeit ist unwiederbringlich; und so sagt man im Westen nicht umsonst: *Time is money* – Zeit ist Geld! Das ist völliger Unfug, denn Reichtum entsteht durch Verknappung – und Zeit ist nicht knapp. Die gesamte Wirtschaft beruht auf Verknappung: Nur was knapp ist, wird wertvoll. Zeit ist nicht knapp, sie ist immer da. Man kann sie nicht aufbrauchen; es wird immer welche geben – mit Zeit lässt sich also nicht wirtschaften. Sie ist nicht knapp, sie kann keinen Reichtum kreieren.

Aber wir verbreiten immer: „Zeit ist Reichtum – vergeudet sie nicht! Einmal vergeudet, kommt sie nie wieder!" Wenn ihr euch also ins Alleinsein zurückzieht und dann nur dasitzt, schafft ihr das nicht drei Jahre lang. Ihr schafft nicht mal drei Monate, ja noch nicht mal drei Tage …

„Wie – drei Tage vergeudet?! Und was tust du da überhaupt?"

Das ist das zweite Problem ... Denn im Westen zählt nicht das Sein, sondern vor allem das Tun. Man fragt: „Was hast du getan?" Denn man muss seine Zeit nutzen und etwas tun. Im Westen sagt man: Müßiggang ist aller Laster Anfang. Und das wisst ihr, das raunt euch der Verstand zu, und das jagt euch Angst ein, wenn ihr so dasitzt ... Wenn ihr so eure Zeit verschwendet, ohne etwas zu tun, meldet sich immer wieder die Frage: „Was tust du hier überhaupt?" „Sitzt einfach nur da? – Zeitvergeudung!" Als wäre es Zeitvergeudung, einfach nur zu *sein!* Du musst was *tun*, und beweisen, dass du deine Zeit gut genutzt hast!" Das ist der Unterschied.

In alten Zeiten, vor allem im Osten, konnte man einfach nur sein, darüber hinaus brauchte man nichts zu beweisen. Keiner fragte dich: „Was hast du getan?" Dein Sein war genug und akzeptiert. Wenn du still, friedlich, selig warst, war alles in Ordnung. Darum haben wir im Osten nie von Sannyasins verlangt, dass sie arbeiteten – nein, nicht nötig. Und die alten Sannyasins – also die Leute, die aller Arbeit den Rücken gekehrt hatten – wurden hier stets für besser gehalten als alle, die noch einer Arbeit nachgingen.

So etwas ist im Westen undenkbar. Wer nicht arbeitet ist ein Vagabund, ein Nichtsnutz. Hippies gibt es zwar erst seit kurzem, aber der Osten war immer schon hippiehaft. Wir haben die größten Hippies der Welt hervorgebracht! – einen Buddha, einen Mahavir, die keinen Finger rühren, einfach nur dasitzen und meditieren, es genießen, einfach nur zu sein, selig, so wie sie sind, völlig untätig. Aber wir haben sie verehrt – sie standen ganz zuoberst, waren die Höchsten, die Verehrungswürdigsten. Buddha ging betteln, aber selbst Könige mussten ihm zu Füßen fallen.

Einmal kam Buddha durch ein Dorf, und der Großwesir des Königs in dieser Gegend riet dem König: „Buddha kommt, also werden wir ihm entgegengehen und seine Füße berühren und ihm die Ehre erweisen."

Der König sagte: „Aber ist das nötig für einen Bettler? Er ist nur ein Bettler, und ich bin ein großer König. Warum sollte ich ihm die Ehre erweisen und mich vor ihm verbeugen? Wenn er mich sprechen möchte, soll er kommen, wenn ich Audienz halte."

Der alte Großwesir, der ein sehr weiser Mann war, bat sofort um seine Entlassung, mit den Worten: „Wenn dem so ist, kann ich keinen Augenblick länger hier bleiben."

Der König erschrak, denn diesen Mann durfte er auf keinen Fall verlieren, also fragte er: „Warum?"

Der alte Mann sagte: „Du machst einen riesigen Fehler. Du magst ein großer König sein, du magst die ganze Welt beherrschen, aber größer als Buddha kannst du nicht werden. Er hat alle Königreiche hinter sich gelassen, und du bist noch immer von Reichtum, Ansehen, Macht besessen. Das alles liegt hinter ihm, er hat gar nichts mehr, aber wer gar nichts mehr hat, steht am höchsten, da er nichts mehr begehrt. Du wirst hingehen und ihm die Ehre erweisen müssen, sonst trete ich zurück, kann ich keinen Augenblick länger in diesem unseligen Palast bleiben." Der König musste sich fügen.

Der Osten war grundlegend anders; dort herrschte ein anderes Klima. Das Sein wurde geachtet.

Keinem fiel ein zu fragen: „Was hast du getan?“ Jeder fragte nur: „Wer bist du?“ Das war genug! Wenn du still, friedlich, liebevoll warst, wenn du mitfühlend warst, wenn du aufgeblüht warst – das war genug! Dann war es die Pflicht der Gesellschaft, dir zu helfen und zu dienen. Keiner verlangte von dir zu arbeiten oder etwas herzustellen, kreativ zu sein. Im Osten galt es als höchst kreativ, man selber zu sein, und die Anwesenheit eines solchen Menschen war wertvoll. Er brauchte für Jahre nicht zu sprechen.

Mahavir schwieg zwölf Jahre lang. Er sprach nie, ging nie in die Dörfer, vermied alle Kontakte. Und als er anfing zu sprechen, fragte ihn jemand: „Warum hast du bisher nicht gesprochen?“

Er erwiderte: „Sprechen hat erst dann einen Wert, wenn du zur Stille gelangt bist, sonst ist es unnütz – nicht nur unnütz, sondern gefährlich ... weil du dann nur die Köpfe anderer als Mülleimer benutzt. Das also war mein Bestreben: Ich wollte erst wieder sprechen, wenn das innere Gequassel vollständig aufgehört hatte. Ich wollte nicht eher sprechen, als bis das innere Geplapper verschwunden war. Dann ist es keine Krankheit mehr.“

Und sie konnten deswegen warten, weil der Osten an Wiedergeburt glaubte. Sie konnten warten. Es gibt Geschichten von Schülern, die zu ihrem Meister kamen und dreißig Jahre lang warteten, ohne eine einzige Frage zu stellen, sondern nur darauf warteten, dass der Meister sie fragte: „Wozu bist du kommen?“ Dreißig endlose Jahre – ein ganzes Leben völlig vertan – aber die ganze Arbeit mag sich nur auf eine dreißigjährige Wartezeit beschränken.

Es kommen Leute aus dem Westen zu mir und sie sagen: „Wir müssen schon heute Abend wieder fahren. Gib uns also bitte irgendeinen Tipp, wie wir still werden können. Aber leider können wir nicht länger bleiben, wir müssen los." Sie denken in gewohnten Bahnen ... Instant-Kaffee! Also glauben sie, es müsse auch so etwas wie Instant-Meditation geben: Ich brauche ihnen nur einen Tipp zu geben, und damit hat sich's. Nein, es gibt keinen Tipp. Es ist eine langwierige Anstrengung, eine tiefe Geduldsübung. Und je eiliger ihr es habt, desto länger wird es dauern. Merkt euch also: Wenn ihr es überhaupt nicht eilig habt, mag es jetzt gleich passieren. Wenn ihr es nicht eilig habt, seid ihr in der richtigen Geistesverfassung, ist Stille da.

Dazu will ich euch eine Geschichte erzählen ...

Zwei Mönche waren einmal zusammen unterwegs. Sie mussten in einem Boot über einen Fluss setzten, und der Fährmann fragte: „Wohin des Weges? Wenn ihr zur Stadt jenseits dieses Tals wollt, dann nehmt euch Zeit."

Aber der Ältere sagte: „Wenn wir uns Zeit lassen, kommen wir nie hin. Denn angeblich werden die Stadttore nach Sonnenuntergang geschlossen, und bis dahin haben wir höchstens noch ein bis zwei Stunden, und es ist noch sehr weit. Wenn wir uns Zeit lassen, kommen wir niemals hin und müssen vor der Stadt warten. Und im Freien ist es gefährlich – wilde Tiere und was nicht alles ... Also werden wir uns beeilen müssen."

Der Fährmann erwiderte: „Wie ihr wollt; aber nach meiner Erfahrung, kommen nur diejenigen hin, die sich Zeit nehmen."

Der andere Mönch hörte das. Er war jung und er dachte: „Ich kenne mich in dieser Gegend nicht aus, und dieser Fährmann mag recht haben, also folge ich besser seinem

Rat." Und so schlenderte er gelassen los, als wäre es ein Bummel, ein Spaziergang.

Der Alte hetzte sich ab, fing an zu laufen. Er trug dazu noch einen Packen Schriften auf dem Rücken. So fiel er hin: Erschöpft von der Last, alt, angespannt und in Eile, fiel er.

Der andere, der es nicht eilig hatte, ging einfach los und kam an. Der Fährmann war ihnen gefolgt und kam zu dem Alten, der am Straßenrand lag. Ein Bein war gebrochen und blutete. Der Fährmann sagte: „Ich hab dir ja gesagt, dass es immer so geht: Wer langsam geht, kommt an, und wer sich abhetzt, schafft es immer, irgendwo zu stolpern. Das ist eine gefährliche Gegend hier; der Zustand der Straße ist unbefestigt, und du bist ein alter Mann. Und ich hab dich gewarnt, aber du wolltest ja nichts davon wissen."

Es ist eine koreanische Zen-Geschichte, und sie trifft auf das Leben zu. Geht langsam, geduldig voran, ohne euch zu hetzen. Denn das Ziel ist nicht irgendwo in der Ferne, sondern in euch drin. Wer nicht hetzt, wird es spüren; wer sich abhetzt, kann es vor lauter Anspannung gar nicht spüren. Je weniger du irgendwo hin willst, desto früher kannst du es spüren.

In Japan nennt man Meditation *zazen. Zazen* bedeutet: Einfach nur sitzen, ohne etwas zu tun. Die Zen-Priester oder -Mönche müssen also sechs Stunden täglich sitzen, oder noch mehr; der Meister gibt ihnen nie etwas zu tun, sie sollen nur sitzen. Sie haben es trainiert, nur zu sitzen, ohne irgendeine Beschäftigung, nicht einmal ein Mantra – nur dazusitzen. Das ist sehr anstrengend. Es sieht zwar leicht aus, ist aber sehr anstrengend. Denn der Verstand will etwas zu tun haben, will sich beschäftigen. Und der

Verstand sagt ständig: „Warum? Warum Zeit verschwenden? Was soll das Rumsitzen? Was soll es bringen, nur dazusitzen?“ Aber drei Jahre lang, oder noch länger, sitzt der Sucher da. Dann lässt der Verstand nach und nach locker. Was soll er noch weiterfragen, du hörst ja doch nicht auf ihn. Er hat die Nase voll von dir, also hört er zu fragen auf. Nach und nach nimmst du, wenn der Verstand nicht mehr fragt, eine neue Lebenskraft in dir wahr … die zwar schon immer da war, aber du warst viel zu beschäftigt, um auf sie zu hören, um sie zu spüren. Jetzt, da du unbeschäftigt bist, wird sie spürbar.

Der Verstand hat von Anfang an nur zu Problemen geführt, und zu Einsamkeit. Bleibe drei Monate lang ganz für dich allein und nimm dir von vornherein vor: „Komme, was kommen mag, ich werd nicht auf den Verstand hören!“ Mach dir von vornherein klar, dass du bereit bist, dich das drei Monate kosten zu lassen, sodass du nicht wieder und wieder zu denken brauchst, dass du ja nur deine Zeit verschwendest. Du bist entschlossen, drei Monate zu verschwenden und überhaupt nichts zu tun – du wirst nur dasitzen und warten. Ein Wunder ist möglich.

Irgendwann in diesen drei Monaten, eines schönen Tages wird dir dein Sein bewusst werden. Wenn es nichts zu tun gibt, wird dir dein Sein bewusst. Wenn du zu viel tust, vergisst du das Sein, das dahinter verborgen liegt.

10. Kapitel

DER VERSTAND DENKT – MEDITATION ERKENNT

DER VERSTAND UND MEDITATION KÖNNEN NICHT KOEXISTIEREN. Beides zu haben ist ausgeschlossen. Entweder kannst du deinen Verstand haben oder du kannst Meditation haben; denn Verstand heißt Denken und Meditation heißt Stille. Der Verstand tastet im Dunkeln nach der Tür. Meditation kennt sie. Von Tasten kann keine Rede sein – sie weiß, wo die Tür ist.

Der Verstand denkt – Meditation erkennt. Dies ist ein entscheidender Grund, warum der Mensch nicht meditativ sein kann – oder warum sich nur so wenige an Meditation rangewagt haben. Wir schulen nur immer unseren Verstand. Unsere ganze Erziehung gilt dem Verstand. Unser Ehrgeiz, unsere Wünsche lassen sich nur vom Verstand erfüllen. Präsident oder Kanzler eines Landes wird man nicht, indem man meditativ lebt, sondern indem man einen sehr listigen Verstand entwickelt.

Das gesamte Bildungswesen wird von euren Eltern, von eurer Gesellschaft so eingerichtet, dass ihr es schafft, eure Wünsche, euren Ehrgeiz zu befriedigen. Ihr wollt ein Jemand werden. Meditation kann euch nur zum Niemand machen. Und wer will schon ein Niemand werden? Alle wollen nur immer höher auf der Leiter des Ehrgeizes klettern. Die Leute opfern ihr ganzes Leben dafür, ein Jemand zu werden.

Alexander war unterwegs nach Indien. Ein Größenwahn hatte sich seiner bemächtigt: Er wollte die ganze Welt erobern. Jeder von uns ist nicht ganz frei von Wahn, aber er hatte den ganzen Batzen. Und als er auf dem Weg nach Indien die griechische Grenze überschritt, erfuhr er irgendwoher: „Du hast dich viele Male nach einem Mystiker, einem sehr merkwürdigen Mann namens Diogenes erkundigt. Er wohnt ganz in der Nähe. Wenn du ihn sprechen möchtest, es sind nur ein paar Schritte bis zum Flussufer."

Diogenes war allerdings ein sehr seltsamer Mensch. Tatsächlich wird jeder, der ein Mensch ist, ein sehr seltsamer Mensch sein, denn er wird etwas Einmaliges sein. Er lebte nackt … es gab kaum einen schöneren Mann als ihn. Und er hielt immer eine brennende Laterne in der Hand – bei Tag und Nacht. Er machte keinen Unterschied, selbst tagsüber, im prallen Sonnenschein, ging er immer mit seiner Laterne durch die Straßen. Alle lachten ihn aus und manche fragten: „Wieso trägst du immer diese Laterne, du verschwendest unnötig Öl und machst dich lächerlich?"

Und dann antwortete Diogenes immer: „Ich brauche sie, weil ich auf der Suche nach dem authentischen, echten Menschen bin. Er ist mir bisher nicht begegnet. Mir begegnen viele Leute, aber sie alle tragen Masken, sie sind allesamt Heuchler." Er hatte einen unschlagbaren Humor.

Für mich ist das einer der wichtigsten Eigenschaften eines wahrhaft religiösen Menschen. Selbst im Sterben musste die Lampe an seiner Seite sein.

Als ihn jemand fragte: „Da du nun stirbst, kannst du uns vielleicht etwas mehr über den Menschen sagen, nach dem du gesucht hast? Dein Leben endet: Ist es dir gelungen, den authentischen Menschen zu finden?"

Er stand praktisch an der Schwelle des Todes, aber er schlug die Augen auf und sagte: „Nein, ich konnte den authentischen Menschen nicht finden. Aber ich freu mich, dass mir bisher wenigstens keiner meine Lampe gestohlen hat, denn es wimmelt von Dieben, Verbrechern, allen möglichen Räubern, und ich bin ein nackter, schutzloser Mann. Das macht mir große Hoffnung, dass eines Tages der Mensch zur Welt kommen wird, auf den ich gewartet habe. Vielleicht bin ich ja zu früh gekommen." Sagte es, und starb.

Schon viele Geschichten hatte Alexander über ihn gehört und sie geliebt. Er sagte: „Ich würde ihn gern kennenlernen." Es war früher Morgen, und die Sonne ging eben auf. Diogenes lag im Sand, am Ufer des Flusses, und sonnte sich. Alexander war etwas betreten, denn Diogenes war nackt. Auch war er etwas verlegen, weil da zum ersten Mal jemand in seiner Gegenwart einfach liegen blieb …

Und so dachte er: „Der Mann wird wohl nicht wissen, wer ich bin." Also sagte er: „Vielleicht bist du dir nicht bewusst, wen du vor dir hast!"

Diogenes lachte. Er hatte auch einen Hund bei sich. Dieser Hund war sein einziger Gefährte. Befragt, warum er sich mit einem Hund angefreundet habe, sagte er: „Weil ich noch keinen Menschen finden konnte, der der Freundschaft wert wäre." Jetzt sah er den Hund an, der neben ihm saß, und sagte: „Hör dir an, was dieser Dummkopf da sagt. Er behauptet, ich wisse nicht, wer er sei. Dabei weiß er nicht mal selber, wer er ist. Was soll man also mit solchen Idioten anfangen? Sag mir das."

Schockierend … aber es stimmte. Alexander versuchte dennoch, mit ihm irgendwie ins Gespräch zu kommen und überging die Beleidigung: „Ich bin Alexander der Große!"

Diogenes sagte: „Mein Gott." Und er sah den Hund an und sagte: „Hast du das gehört?" – das machte er immer so, sich an den Hund zu wenden: „Hast du gehört? Dieser Mann hält sich für den größten Menschen auf der Welt. Und das ist ein sicheres Zeichen für einen Minderwertigkeitskomplex. Nur Leute mit Minderwertigkeitsgefühlen geben vor, groß zu sein; je größer der Komplex, desto höher, größer, riesiger sind sie in ihren eigenen Augen."

Aber zu Alexander sagte er: „Wozu kommst du überhaupt zu mir? Zu einem Armen, einem Niemand, der nichts besitzt als eine Lampe, dessen einziger Gefährte auf dieser Welt ein Hund ist, und der nackt rumläuft … Warum bist du hergekommen?"

Alexander sagte: „Ich habe viele Geschichten über dich gehört, und jetzt kann ich sehen, dass all diese Geschichten wahr sein müssen – du bist zweifellos ein seltsamer Mann, aber in gewisser Weise auch ausgesprochen schön. Ich bin dabei, die Welt zu erobern, und wie ich höre, wohnst du hier in der Nähe. Ich konnte nicht widerstehen, herzukommen und dich zu sehen."

Diogenes darauf: „Du hast mich gesehen. Verliere nun keine Zeit, denn das Leben ist kurz und die Welt ist groß – du magst sterben, bevor du sie eroberst. Und hast du jemals bedacht … Was wirst du als Nächstes tun, wenn du sie erobert hast? Denn es gibt keine Welt außer dieser. Du wirst einfach dumm dastehen. Und darf ich fragen, warum du dir so viel Mühe damit machst, die Welt zu erobern? Was willst du machen, wenn du die Welt erobert hast?"

Alexander sagte: „Darüber hab ich nie nachgedacht, offen gestanden. Vielleicht werd ich mich entspannen und ausruhen, wenn ich die Welt erobert habe."

Diogenes wandte sich dem Hund zu und sagte: „Hast du gehört? Der Typ spinnt. Er sieht, wie ich mich ausruhe, entspanne – ohne irgendwas erobert zu haben! Und er will sich entspannen, wenn er die ganze Welt erobert hat!“

Alexander war beschämt. Darin steckte Wahrheit, ganz klar, kristallklar: Wenn du dich ausruhen und entspannen willst, kannst du das jetzt sofort tun. Warum es auf morgen verschieben? Und du verschiebst es auf den Sankt Nimmerleinstag. Und bis dahin wirst du die ganze Welt erobern müssen, so als wäre die Eroberung der Welt die notwendige Voraussetzung dafür, entspannt zu sein und ein ruhiges Leben zu führen.

Alexander sagte: „Ich verstehe sehr wohl ... Ich bin in deinen Augen ein Narr. Kann ich irgendetwas für dich tun? Ich habe mich vollends in dich verliebt. Ich habe schon große Könige, große Generäle gesehen, aber noch nie habe ich einen so beherzten Menschen gesehen wie dich, der sich nicht Mal bemüßigt fühlt, sich zu rühren oder mir „Guten Morgen“ zu sagen, für den ich einfach Luft war – und obendrein auch nur immer zu seinem Hund spricht! Ich habe viel Macht, denn ich halte die ganze Welt in meinen Händen. Sag also nur, was du möchtest, und ich werde es für dich tun.“

Diogenes sagte: „Wirklich? Dann tu mir bitte einen Gefallen, tritt ein paar Schritte zur Seite, denn du stehst vor der Sonne. Ich sonne mich hier, aber du besitzt nicht einen Funken Höflichkeit.“

Alexander hat ihn nie wieder vergessen können. Während seiner ganzen Reise nach Indien und zurück, verfolgte ihn dieser Mann bis in die Träume: Dass er um nichts gebeten hatte, wo er ihm doch mit einem Fingerschnippen die ganze Welt hätte schenken können! Dass er nur darum bat, dass Alexander ein wenig zur Seite treten solle, weil er die Sonne daran hinderte, seinen Körper zu erreichen.

Und was hatte ihm Diogenes beim Abschied gesagt? „Erinnere dich an zwei Dinge, als Geschenk von Diogenes: Erstens: Niemand hat je die Welt erobert. Irgendwas bleibt immer unerobert – denn die Welt ist zu vieldimensional, als dass du in einem so kurzen Leben all ihre Dimensionen erobern könntest. Darum ist jeder, der auszog, die Welt zu erobern, enttäuscht gestorben. Und zweitens: Du wirst nie nach Hause zurückkehren. Denn das hat der Ehrgeiz so an sich, dass er dich immer weiter und weiter weglockt. Er flüstert dir andauernd ein: ‚Nur noch ein paar Meter. Nur noch ein paar Meter mehr, und der schönste Traum deines Herzens geht in Erfüllung!' Und so jagen die Leute immer nur Halluzinationen nach, und das Leben rinnt ihnen durch die Finger. Merke dir einfach diese beiden Dinge, als Gaben von einem armen Mann, einem Niemand!"

Alexander dankte ihm – er war trotz des kühlen Morgens schweißgebadet. Das lag an diesem Mann … alles, was er sagte, trieb ihm den Schweiß aus jeder Pore, selbst in der kühlen Brise an einem kühlen Morgen. Denn er schaffte es, haargenau die wunden Punkte zu treffen, die du verbergen möchtest. Alexander vermochte nie, zum Eroberer der ganzen Welt zu werden. Er konnte nicht einmal die äußerste Grenze Indiens erreichen, er konnte nicht Japan, China oder Australien erreichen, und Amerika war schließlich noch unbekannt. Er kehrte vom Punjab aus heim. Er war erst dreiunddreißig, aber sein Ehrgeiz und sein ewiger Kampf um dessen Erfüllung erschöpfte ihn. Er hatte sich verausgabt, war wie eine leere Patrone.

Er war erst dreiunddreißig, stand in der Blüte seines Lebens, aber innerlich war er gealtert und sterbensmüde. Irgendwie würde er vielleicht im Tod Ruhe finden ... Und der Schatten des Diogenes war ihm stets auf den Fersen: „Du wirst die Welt nicht erobern können." Er kehrte um, und ehe er Athen, seine Hauptstadt, erreichen konnte ... nur noch vierundzwanzig Stunden ... Manchmal können kleine Vorfälle enorme Symbolkraft und Bedeutung gewinnen ... Nur noch vierundzwanzig Stunden, und er wäre zumindest in seiner Stadt, seinem Zuhause gewesen ... zwar nicht in seinem wahren Zuhause, auf das ihn Diogenes hingewiesen hatte, aber wenigstens in dem Haus, in dem wir uns heimisch einrichten.

Das Heim ist innen. Draußen gibt es nur Häuser. Aber er konnte nicht einmal mehr sein äußeres Haus erreichen. Er starb vierundzwanzig Stunden, bevor er in Athen ankam.

Noch ein seltsamer Zufall: Alexander starb am selben Tage, da auch Diogenes starb! Der griechischen Mythologie zufolge muss man, wie in vielen anderen Mythologien – auch in der indischen Mythologie, muss man, ehe man ins Jenseits eingeht, einen Fluss überqueren, den Vaitarani – in der griechischen Mythologie muss man den Fluss Styx überqueren, der die Grenze zwischen dem Diesseits und dem Jenseits ist. Bis hierher ist alles, was ich eben sagte, historisch verbürgt. Aber nach dem Tod von Diogenes und Alexander erzählte man sich folgende Geschichte in ganz Griechenland. Sie ist sehr bedeutsam. Sie kann nicht historisch sein, aber sie kommt der Wahrheit sehr nahe. Sie ist keine Tatsache. Den Unterschied zwischen Tatsachen und Wahrheit definiere ich so: Etwas mag zwar eine Tatsache sein, aber dennoch unwahr; und etwas mag keine Tatsache sein, aber dennoch wahr. Eine Geschichte mag nur eine Sage sein – zwar nicht geschichtlich, aber von enormer Bedeutung, da sie in Richtung Wahrheit deutet.

Diogenes, so wird überliefert, starb ein paar Minuten nach Alexander. Beim Überqueren des Flusses begegneten sie sich – Alexander fuhr voraus, Diogenes kam nach. Alexander, der das Geräusch hörte, sah sich um. Diese Begegnung war ihm noch peinlicher als die erste, denn zumindest war Alexander damals bekleidet; diesmal war auch er nackt. Aber die Leute rationalisieren gern in dem Versuch, ihre Verlegenheit zu verbergen.

Also sagte Alexander, um ja nicht seine Verlegenheit zu zeigen: „Hallo, Diogenes! Vielleicht ist dies das erste Mal in der gesamten Geschichte, dass ein großer Kaiser und ein nackter Bettler den Styx zusammen überschreiten."

Diogenes sagte: „Stimmt. Aber dir ist nicht ganz klar, wer hier der Kaiser ist und wer der Bettler. Der Kaiser fährt hinter dem Bettler. Du hast dein Leben vertan; noch immer siehst du es nicht ein! Wo ist dein Reich? Ich habe gar nichts verloren, da ich nichts hatte, nur jene Lampe. Selbst die fand ich am Straßenrand – keine Ahnung, wem sie gehört! – und am Straßenrand ließ ich sie zurück. Ich bin nackt auf die Welt gekommen, und ich verlasse die Welt nackt."

Genau dasselbe sagt Kabir in einem seiner Lieder: „*Jyon ki tyon dhari dinhin chadariya. Kabira jatan se odhi chadariya* – Ich habe die Kleider des Lebens mit solcher Sorgfalt und Bewusstheit getragen, dass ich Gott sein Geschenk so zurückgab, wie ich es bekommen habe."

Die ganze Gesellschaft – eure Eltern, eure Lehrer, eure Anführer, eure Priester ... sie alle wollen etwas Besonderes, lauter Alexander aus euch machen. Aber wenn ihr meditativ leben wollt, sind sie sofort alle gegen euch. Denn Meditation heißt, dass ihr euch von jeglichem Ehrgeiz abkehrt.

Als ich Student an der Universität war, war der Dekan meiner Fakultät so besorgt um mein Examen, dass er sagte: „Ich hab überall auf der Welt, in fast ein Dutzend Ländern Studenten zu Hunderten unterrichtet, aber mir noch nie Sorgen um ihr Examen gemacht. Ich begreife das einfach nicht – warum mach ich mir um Ihr Examen solche Sorgen? Bitte versprechen Sie mir, dass Sie pünktlich im Prüfungssaal erscheinen werden."

Ich erwiderte ihm: „Das gehört nicht zu Ihren Pflichten. Ihre Pflicht ist es, mich zu unterrichten. Ich habe die Pflicht, mich um mein Examen zu kümmern. Wenn ich kann, werde ich pünktlich sein."

Er war misstrauisch. Während der schriftlichen Arbeiten stand der alte Herr jeden Tag an meinem Wohnheim, vor meinem Zimmer, um mich abzuholen und dafür zu sorgen, dass ich in den Prüfungssaal ging. Erst dann ging er wieder. Ich sagte: „Warum machen Sie es sich so schwer? Sie wohnen vier Meilen weit weg. Sie müssen früh aufstehen, und so viel ich weiß, liegt Ihnen das gar nicht!"

Er war ein Trinker. Aber das Leben ist ein Mysterium. Hier sitzen alle möglichen Leute – Fleischesser, Säufer, Glücksspieler ... und meist sind sie so liebevoll und so menschlich, dass man sich nur wundern kann. Und dann gibt es strenge Vegetarier ... Adolf Hitler zum Beispiel lebte strikt vegetarisch. Er rauchte nie, er trank keinen Tropfen Alkohol, ging stets früh zu Bett und stand früh auf – der reinste Heilige! Wenn man nur auf seine Lebensweise schaut, war er ein Mönch. Und er hat sechs Millionen Menschen umgebracht. Es wäre besser gewesen, er hätte gesoffen, Fleisch gegessen und wäre Kettenraucher gewesen, aber dafür ein netter Mensch. Wie dieser alte Mann, mein Professor, der sich damals ein paar Tage lang das Trinken verkniff. Er musste in aller Herrgottsfrühe aus dem Bett, um mich abzuholen und zu meinem Examen zu bringen. Die ganze Universität wusste Bescheid, und alle fanden es seltsam! Ich sagte: „Das ist nicht seltsam. Er liebt mich. Er liebt mich wie seinen Sohn, und er möchte, dass mal was aus mir wird. Das ist das Problem: Seine Liebe macht ihm Probleme. Er hat Angst, es könne mir völlig egal sein, was mal aus mir wird."

Er wies den Prüfungsleiter an: „Und passen Sie ja auf, dass er nicht geht, sobald ich weg bin – denn ich kann nicht drei Stunden lang unnötig draußen warten. Passen Sie auf wie ein Luchs, dass er nicht entwischt. Und achten Sie drauf, dass er auch schreibt und nicht sonst was tut."

Manchmal hatte ich alle Fragen binnen zwei Stunden beantwortet, aber der Prüfungsleiter wollte mich nicht gehen lassen. Er sagte dann: „Ihr Professor wird mir das Leben zur Hölle machen. Setzen Sie sich einfach wieder hin und machen Sie, was sie wollen. Oder gehen Sie noch mal Ihre Antworten durch, vielleicht können Sie ja noch etwas hinzufügen."

Ich antwortete: „Das ist aber komisch. Ich bin fertig mit den Antworten, da muss ich doch gehen können. Jeder andere darf es doch auch."

Er sagte: „Alle anderen können gehen, aber niemand sonst wird hier jeden Tag angeschleppt wie ein Gefangener." Und nach der Klausur fragte der Professor mich jeden Tag aus, mit dem Fragebogen in der Hand: „Was haben Sie hierzu geschrieben?" Und nur ihm zuliebe sagte ich ihm Dinge, die ich überhaupt nicht geschrieben hatte. Das wusste er! Ich wusste, dass er es wusste, weil er der Dekan der Fakultät war und meine Klausuren einsehen konnte. Bevor er mich ausfragte, hatte er sich bereits angeschaut, was ich geschrieben hatte. Jetzt aber wiederholte ich genau das, was in den Lehrbüchern stand. Wo ich doch selber etwas ganz anderes geschrieben hatte ... Nur durfte er mir nicht sagen: „Ich hab nachgeschaut!", denn das war nicht erlaubt. Also sagte er nur: „Sie wissen, ich weiß Bescheid..."

Ich sagte: „Was bleibt mir sonst übrig? Sie dürfen nichts Unerlaubtes tun, und wenn man Sie doch dabei erwischt, bin ich der erste, der Sie beim Kanzler anzeigt."

Er sagte: „Aber das ist ja überhaupt nicht das, was Sie geschrieben haben. Wollen Sie denn Ihr ganzes Leben lang ein Niemand bleiben? Mich schmerzt das. Sie haben Talent, Sie haben Genie, Sie können alles werden, was Sie nur wollen."

Ich erwiderte: „Ich möchte mein Talent und mein Genie nicht darauf verschwenden, kein Niemand zu sein. Ich möchte mich nur in mich selber entspannen und ich selber sein, anonym, denn ich hab mich für Meditation entschieden, nicht für den Verstand. Alles, was Sie sagen, kommt aus dem Verstand – und ich muss den Verstand gebrauchen, aber je mehr man seinen Verstand gebraucht, desto weiter führt er einen von sich selber weg."

Der Grund, warum der Mensch nicht meditiert, ist dieser: Die ganze Gesellschaft zwingt ihn, statt Meditation seinen Verstand zu kultivieren. Stellt euch nur mal eine Welt vor, in der die Menschen meditativ sind. Es wäre zwar eine ganz einfache Welt, aber dafür eine ungeheuer schöne Welt. Sie wird still sein. Sie wird keine Verbrechen kennen, sie wird keine Gerichte haben, sie wird keinerlei Politik haben. Sie wird eine liebevolle Bruderschaft sein, eine riesige Kommune von Menschen, die völlig mit sich selber zufrieden sind, restlos in sich ruhend. Selbst Alexander der Große kann ihnen kein Geschenk machen.

Wenn du dich für etwas abhetzt, das außer Reichweite ist, musst du dich dem Verstand unterwerfen. Wenn du jeglichen Ehrgeiz aufgibst und dich dafür um dein inneres Erblühen kümmerst, wenn dir dein innerer Fluss wichtiger ist, auf dass er fließen und andere erreichen kann, und du dich mehr um Liebe, Mitgefühl, Frieden kümmerst … dann wird der Mensch meditativ sein.

11. Kapitel

DIE PSYCHOLOGIE DER BUDDHAS

SIGMUND FREUD BRACHTE DIE PSYCHOLOGIE IN DIESE WELT. Sie wurzelt in der Analyse des Verstandes. Sie beschränkt sich auf den Verstand. Sie geht keinen Schritt aus dem Verstand heraus, nicht einmal einen Zentimeter. Im Gegenteil, sie geht immer tiefer in den Verstand hinein – ins Unbewusste, um Mittel und Wege zu finden, wie man den menschlichen Verstand zumindest normalisieren könne. Freuds Psychoanalyse hat kein besonders hohes Ziel.

Ihr Ziel ist es, die Menschen normal zu halten. Aber Normalität ist nicht genug. Einfach nur normal zu sein hat keinerlei Bedeutung. Sie ist gut für die normale Alltagsroutine und eure Fähigkeit, sie zu bewältigen. Sie gibt euch keinen Sinn, sie gibt euch keine Bedeutung. Sie gibt euch keinen Einblick in das Wesen der Dinge. Sie führt euch nicht über die Zeit, über den Tod hinaus. Sie ist allenfalls ein nützliches Hilfsmittel für alle, die so sehr von der Norm abgewichen sind, dass ihnen ihre tägliche Lebensweise über den Kopf gewachsen ist – sie halten es nicht mit den anderen aus, sie können nicht arbeiten, sie sind zerbrochen. Psychotherapie verleiht ihnen einen gewissen Zusammenhang – keine Einheit, wohlgemerkt, sondern nur einen gewissen Zusammenhang. Es hält sie zusammen. Sie bleiben nach wie vor bruchstückhaft. Nichts hat sich in ihnen kristallisiert, keine Seele ist geboren. Sie werden nicht glückselig, sondern nur etwas weniger unglücklich, weniger elend. Psychologie hilft ihnen, ihr Elend zu akzeptieren. Sie hilft ihnen, sich damit abzufinden, dass dies alles ist, was ihnen das Leben zu bieten hat – „also fordert nicht mehr!" Gewissermaßen gefährdet sie ihr inneres Wachstum, denn zum inneren Wachstum kommt es nur durch göttliche Unzufriedenheit. Erst wenn du absolut unzufrieden bist mit dem Status Quo, machst du dich auf die Suche, nur dann steigerst du dich langsam, nur dann gibst du dir Mühe, dich aus dem Schlamm zu ziehen. Jung stieg ein wenig tiefer ins Unbewusste ein. Er ging ins kollektive Unbewusste. Da gerät man nur tiefer und tiefer ins Brackwasser, und das hilft auch nicht weiter. Assagioli ging ins andere Extrem. Angesichts des Scheiterns der Psychoanalyse erfand er die „Psychosynthese". Aber die beruht auf demselben Gedanken. Anstatt der Analyse betont er die Synthese.

Die Psychologie der Buddhas ist weder Analyse noch Synthese, sondern Transzendenz – sie geht über den Verstand hinaus. Ihre Arbeit findet nicht im Verstand statt, ihre Arbeit führt dich aus dem Verstand heraus. Genau dies ist die Bedeutung des Wortes Ekstase: herausragen. Wenn es dir gelingt, aus deinem Verstand „herauszuragen", wenn es dir gelingt, zwischen dir und deinem Verstand einen Abstand herzustellen, dann hast du den ersten Schritt der Psychologie der Buddhas getan und ein Wunder geschieht: Wenn du außerhalb deines Verstandes stehst, sind alle Verstandesprobleme verschwunden – da der Verstand selber verschwindet; er verliert seine Macht über dich.

Die Psychoanalyse ist wie das Schneiden von Blättern. Der Baum wird neue treiben; die Wurzeln bleiben unangetastet. Und die Psychosynthese steckt die abgefallenen

Blätter wieder an den Baum, klebt sie wieder an den Baum. Dadurch werden sie auch nicht lebendig. Sie werden nur hässlich aussehen; sie werden nicht lebendig sein, sie werden nicht grün sein – sie werden nicht Teil des Baums sein, sondern angepappt, irgendwie.

Die Psychologie der Buddhas haut dem Baum – der alle möglichen Neurosen und Psychosen erzeugt, der den zersplitterten Menschen, den mechanischen Menschen, den roboterhaften Menschen erzeugt – die Wurzeln durch. Und das geht ganz einfach...

Psychoanalyse dauert Jahre, und selbst dann bleibt der Mensch derselbe. Sie renoviert das alte Gebäude, flickt hier und da aus, weißelt das alte Haus. Aber es ist dasselbe Haus, nichts hat sich wirklich verändert. Sie hat nicht das Bewusstsein des Menschen verwandelt.

Die Psychologie der Buddhas bearbeitet nicht das Innere des Verstandes. Sie interessiert sich weder fürs Analysieren noch fürs Synthetisieren. Sie hilft dir einfach nur, deinem Verstand zu entkommen, damit du ihn dir mal von außen ansehen kannst. Und dieser Blick darauf wandelt dich. Sobald du dir deinen Verstand als Gegenstand ansehen kannst, löst du dich von ihm, bist du nicht mehr mit ihm identifiziert; es ist ein Abstand entstanden und seine Wurzeln sind gekappt. Warum müssen so die Wurzeln gekappt werden? – weil du selber es bist, der immer deinen Verstand füttert. Wenn du identifiziert bist, fütterst du deinen Verstand; wenn du nicht identifiziert bist, hörst du auf, ihn zu füttern. Dann fällt er von sich aus tot um.

Dazu gibt es eine schöne Geschichte, ich liebe sie sehr ... Eines Tages zieht Buddha durch einen Wald. Es ist Hochsommer und er hat großen Durst. Er bittet Ananda, seinen

Lieblingsschüler: „Ananda, geh zurück; vor etwa drei, vier Meilen haben wir einen kleinen Wasserlauf überschritten. Bring mir einen Schluck Wasser – nimm meine Bettelschale. Ich bin sehr durstig und erschöpft." Er war alt geworden.

Ananda geht zurück, aber als er am Bach ankommt, haben ihn eben ein paar Ochsenkarren durchquert und den Bachboden völlig aufgewühlt. Totes Laub, ins Bachbett gesunken, war aufgetrieben und macht das Wasser untrinkbar, es ist zu schmutzig. Er kommt mit leeren Händen zurück und sagt: „Du wirst ein Weilchen warten müssen. Ich geh jetzt voraus, denn ich habe gehört, dass zwei, drei Meilen von hier ein großer Fluss kommt. Ich hole dir Wasser von dort."

Aber Buddha lässt ihn nicht gehen und sagt: „Geh bitte zurück und hole Wasser aus demselben Bach."

Ananda versteht zwar nicht diese Beharrlichkeit, aber wenn der Meister es sagt, muss der Schuler folgen. So absurd es ihm vorkommt, dass er drei, vier Meilen zurückgehen muss, obwohl er weiß, dass das Wasser untrinkbar ist, zieht er los. Und Buddha ruft ihm hinterher: „Und wenn das Wasser immer noch schmutzig ist, komm nicht zurück. Dann setz dich einfach still ans Ufer. Tu gar nichts, steig nicht in den Bach. Bleib still am Ufer sitzen und beobachte. Früher oder später wird es wieder klar sein, und dann fülle die Schale und kehr zurück."

Ananda kommt an. Buddha hat recht: Das Wasser ist fast klar, die Blätter sind weg, der Schlamm hat sich gelegt. Aber ganz sauber ist es noch nicht, also setzt er sich ans Ufer und schaut dem vorbeifließenden Wasser zu. Nach und nach wird es kristallklar. Bald kehrt er tanzend zurück.

Jetzt versteht er, warum Buddha so darauf beharrt hatte. Es enthielt eine gewisse Lehre für ihn, die er nunmehr verstand. Er reichte Buddha das Wasser und dankte ihm, indem er seine Füße berührte.

Buddha sagt: „Was soll das? Ich sollte dir danken, dass du mir Wasser geholt hast."

Ananda sagt: „Jetzt kann ich's verstehen. Vorhin war ich wütend; ich hab's zwar nicht gezeigt, aber ich war wütend, weil es mir absurd vorkam, zurückzugehen. Aber jetzt verstehe ich, was du mir sagen wolltest. Genau das hatte ich im Augenblick gebraucht: Mit meinem Verstand verhält es sich genauso – als ich am Ufer dieses kleinen Baches saß, wurde mir bewusst, dass es sich mit meinem Verstand genauso verhält. Wenn ich in den Bach springe, werde ich ihn wieder verschmutzen. Wenn ich in meinen Verstand springe, wird er noch mehr lärmen, steigen noch mehr Probleme auf, kommen an die Oberfläche. Beim Sitzen am Ufer hab ich die Technik verstanden. Jetzt will ich mich auch neben meinen Verstand setzen und ihn beobachten, mit all seiner Verschmutztheit, seinen Problemen und alten Blättern und Verletzungen und Wunden, Erinnerungen und Wünschen. Unbeteiligt werde ich am Ufer sitzen und den Augenblick abwarten, da alles klar ist."

Und das geschieht ganz von allein, denn sobald du dich ans Ufer deines Verstandes setzt, schenkst du ihm keine Energie mehr. Das ist wahre Meditation. Meditation ist die Kunst des Abstandhaltens.

Freud spricht von Analyse, Assagioli von Synthese. Die Buddhas haben seit jeher von Meditation, Bewusstheit gesprochen.

Was ist das Einmalige an dieser dritten Psychologie? Meditation, Bewusstheit, Aufmerksamkeit, Zeugesein – das ist ihre Einmaligkeit.

Kein Psychoanalytiker ist erforderlich. Du kannst es ganz allein machen; vielmehr musst du es ganz allein machen. Anleitungen sind nicht nötig, so einfach ist der Prozess – einfach, wenn du es machst; wenn du es nicht machst, klingt es sehr kompliziert. Schon das Wort Meditation erschreckt viele Leute. Sie halten das für etwas sehr Schweres, Entbehrungsreiches. Ja, wenn du es nicht machst, ist es schwierig und entbehrungsreich. Es ist wie Schwimmen. Es ist sehr schwer, wenn du nicht weißt, wie man schwimmt, aber wenn du es kannst, ist es ein völlig einfacher Prozess. Nichts kann einfacher sein als Schwimmen. Es ist überhaupt keine Kunst, so einfach und natürlich ist es.

Sei dir deines Verstandes bewusster. Und wenn du dir deines Verstandes bewusst bist, wird dir der Umstand bewusst werden, dass du nicht dein Verstand bist, und damit beginnt eine Revolution. Du hast begonnen, dich höher und höher tragen zu lassen. Du bist nicht mehr an deinen Verstand gekettet. Der Verstand wirkt wie ein Stein, der dich niederhält. Er hält dich im Feld der Schwerkraft fest. Sobald du nicht mehr an deinen Verstand gebunden bist, betrittst du das Buddhafeld.

Wenn die Schwerkraft ihre Macht über dich verliert, betrittst du das Buddhafeld. Das Buddhafeld zu betreten heißt, die Welt der Leichtkraft zu betreten: Du fängst an, nach oben zu schweben. Dein Verstand zieht dich immerzu nach unten.

Es kommt also nicht darauf an zu analysieren oder zu synthetisieren. Es kommt einfach nur darauf an, bewusst zu werden. Das ist der Grund, warum wir im Osten keine Psychotherapie wie die Freudsche oder Jungsche oder Adlersche entwickelt haben – es gibt heute so viele auf dem Markt ...

Wir haben deswegen keine einzige Psychotherapie entwickelt, weil wir wissen, dass Psychotherapien nicht heilen können. Sie mögen euch helfen, eure Wunden zu ertragen, aber sie können nicht helfen. Heilung tritt erst dann ein, wenn ihr nicht mehr an euren Verstand gefesselt seid. Sobald ihr euch vom Verstand loslöst, nicht mehr identifiziert seid, absolut abgenabelt, sobald ihr von ihm befreit seid, tritt Heilung ein.

Transzendenz ist wahre Therapie, und sie ist nicht nur Psychotherapie. Sie ist ein Phänomen, das sich nicht auf eure Psychologie beschränkt, sondern weit über sie hinausgeht. Sie ist spirituell. Sie heilt euch bis hinein in den Kern eures Wesens.

12. Kapitel

SICH SEINER SELBST BEWUSST SEIN, STATT ICH-BEZOGEN SEIN

ICH-BEZOGENHEIT IST EINE KRANKHEIT. SICH SEINER SELBST bewusst zu sein, ist Gesundheit. Im Englischen sind beide Wörter, *self-consciousness* und *self-awareness*, praktisch austauschbar, was also ist der Unterschied. Mögen die Wörter dasselbe bedeuten, doch wenn ich sie benutze, bedeuten sie nicht dasselbe.

Bei *self-consciousness* liegt der Akzent auf *self* – dem Selbst. Bei *self-awareness* liegt der Akzent auf *awareness* – Bewusstheit. Schon das Wort *self-consciousness* würde für beide genügen: Liegt der Akzent auf *self*, ist es krankhaft. Liegt der Akzent auf *consciousness*, Bewusstheit, ist es gesund. Sehr subtil, aber ein Riesenunterschied! *Self-consciousness* ist krankhaft, weil dein Bewusstsein dann ununterbrochen nur um dich selbst kreist: „Was mögen die Leute wohl von mir denken? Wie beurteilen sie mich? Was ist ihre Meinung: Mögen sie mich oder mögen sie mich nicht, akzeptieren sie mich oder nicht, lieben sie mich oder nicht?" Immer dreht sich alles um das Ich, das Ego, das „Mich". Darin besteht die Krankheit. Das Ego ist die größte Krankheit, die es gibt.

Und wenn du den Blickpunkt, den Akzent vom Selbst auf die Bewusstheit verlagerst, ist es dir plötzlich egal, ob die Leute dich ablehnen oder annehmen. Sollen sie doch meinen, was sie wollen! Jetzt möchtest du in jeder Situation bewusst sein. Ob sie dich ablehnen oder akzeptieren, ob sie dich lieben oder hassen, ob sie dich einen Heiligen oder einen Sünder nennen, spielt keine Rolle. Was sie sagen, was sie meinen – das ist ihre Sache und ihr Problem, das sollen sie selber entscheiden. Du versuchst einfach nur, in jeder Situation bewusst zu sein.

Wenn irgendwer kommt, sich vor dir verbeugt ... weil er glaubt, dass du ein Heiliger bist: Lass dir egal sein, was er sagt, was er glaubt. Bleib einfach nur hellwach und achte darauf, dass er dich nicht in seine Unbewusstheit reinziehen kann, ganz egal, was er tut. Wenn irgendwer kommt und dich beleidigt und einen alten Schuh nach dir wirft: Behalt einfach nur die Augen offen, sodass du unberührt bleibst und er dich nirgendwo reinziehen kann.

Ob in Wertschätzung oder Verurteilung, in Scheitern oder Erfolg – du bleibst dir gleich. Durch deine Bewusstheit erlangst du eine Ausgeglichenheit, die nie ins Wanken gerät. Du wirst frei von den Meinungen anderer.

Hier liegt der Unterschied zwischen einem religiösen und einem politischen Menschen. Ein Politiker ist befangen, kreist um sich selbst – der Akzent liegt auf dem Selbst, immer besorgt, was die Leute wohl meinen. Er ist auf die Meinung der Leute angewiesen, ihre Stimmen. Letztendlich sind sie die Herren, entscheiden sie. Ein religiöser Mensch ist Herr seiner selbst; niemand kann für ihn entscheiden. Er hängt nicht von euren Stimmen ab oder von euren Meinungen. Wenn ihr zu ihm kommt, okay. Wenn nicht, auch okay. Für ihn kein Problem: Er ist er selbst.

An diesem Punkt möchte ich euch etwas sehr Paradoxes sagen ... es klingt nur paradox, ist aber die reine Wahrheit. Befangene Leute – die immer nur um sich selbst kreisen – haben kein Selbst. Eben darum sind sie so befangen, ängstlich – jeder kann ihnen ihr Selbst wegnehmen. Sie sind nicht Herr im Hause. Ihr Selbst ist geborgt, von euch ausgeborgt. Lächelt jemand, stützt das ihr Selbst. Beleidigt sie jemand, entfällt eine Stütze, kommt ihr Gebäude ins Wanken. Wird jemand wütend, bekommen sie Angst. Wird jemand wütend, wohin dann mit ihnen, was wird aus ihnen? Ihre Identität zerbricht. Wenn alle lächeln und sagen: „Du bist toll!", sind sie toll.

Leute mit Ich-Bewusstheit, politische Leute … und wenn ich von politischen Leuten spreche, dann meine ich nicht nur diejenigen, die tatsächlich in der Politik sind. Alle, die irgendwie von andern abhängen, sind politisch. Sie haben kein Selbst; innen drin ist es leer. Sie haben ständig Angst vor ihrer Leere. Jeder kann sie in ihre Leere werfen – jeder! Selbst ein bellender Hund kann sie in ihre Leere werfen.

Ein Mensch, der religiös ist, *self-conscious* – mit Akzent auf *conscious* –, hat ein Selbst, ein authentisches Selbst. Keiner kann ihm sein Selbst nehmen. Keiner kann es ihm weder geben noch nehmen. Er hat es erlangt. Wenn sich die ganze Welt gegen ihn stellt, wird sein Selbst zu ihm halten. Wenn die ganze Welt ihm nachläuft, wird sein Selbst kein bisschen zunehmen, größer werden – nein. Er hat wirklich authentische Wirklichkeit – in ihm existiert eine Mitte.

Der politische Mensch hat keine Mitte. Er versucht eine Mitte vorzutäuschen. Er borgt sich etwas von dir, etwas von jemand anderem und noch jemand anderem … Auf die Art behilft er sich. Eine falsche Identität, eine Zusammensetzung aus den Meinungen vieler, damit identifiziert er sich. Wenn ihn die Leute vergessen, ist er verloren, ist er nirgendwo … oder genauer gesagt: ist er ein Niemand. Versteht ihr?

Jemand wird Präsident: Plötzlich ist er wer. Danach ist er nicht mehr Präsident – dann ist er ein Niemand. Dann vergessen ihn alle Zeitungen. Sie werden sich erst erinnern, wenn er stirbt, aber dann auch nur als Randbemerkung. Sie werden sich an ihn als Ex-Präsident erinnern, nicht als Person – als einen Ex-Posten-Inhaber. Was ist passiert? Da verschwindet nur jemand. Solange du auf deinem Posten sitzt, erscheinst du auf allen Titelseiten. Du bist nicht wichtig – dein Posten ist wichtig. Darum sind alle, die innerlich arm sind, immer auf einen Posten erpicht, auf die Stimmen, die Meinungen der Leute. Auf diese Art wollen sie eine Seele ergattern – eine Pseudoseele, natürlich.

Die Psychologen sind dem Problem längst auf die Schliche gekommen. Sie sagen, dass alle, die Überlegenheit anstreben, an einem Minderwertigkeitskomplex leiden; und alle, die wirklich überlegen sind, so etwas nicht nötig haben. Sie sind so überlegen, dass sie sich nicht einmal bewusst sind, überlegen zu sein. Nur ein Minderwertiger kann sich für überlegen halten – und ist in diesem Punkt äußerst reizbar. Wenn man ihm zu verstehen gibt: „Du bist nicht so überlegen, wie du glaubst", wird er wütend.

Nur ein überlegener Mensch vermag als Letzter am Ende der Schlange zu stehen. Alle Minderwertigen drängen nach vorn, denn wenn sie ganz hinten stehen, sind sie Niemande. Sie müssen ganz vorn stehen. Sie müssen in der Hauptstadt sein. Sie müssen viel Geld haben. Sie müssen ein dickes Auto fahren. Sie müssen dieses und jenes sein. Minderwertige Leute wollen ihre Überlegenheit immer damit demonstrieren, was sie alles besitzen.

In einem Wort: Leute, die kein Sein haben, möchten gern dadurch zu einem Sein kommen, dass sie etwas vorzuweisen haben – Posten, Namen, Ruhm. Das kann manchmal Formen annehmen …

In Amerika hat einmal jemand sieben Menschen ermordet. Alle sieben kannte er gar nicht. Als man ihn vor Gericht nach dem Warum fragte, sagte er: „Ich konnte nicht berühmt werden, also dachte ich mir, ‚Zumindest kann ich berüchtigt werden!' Irgendwen muss ich darstellen. Und ich finde es toll, dass mein Foto als Mörder auf den Titelseiten prangt. Machen Sie jetzt mit mir, was Sie wollen, aber jetzt hab ich das Gefühl, Jemand zu sein. Und das Gericht ist beunruhigt, die Regierung ist beunruhigt, die Leute sind beunruhigt, und die Zeitungen reden von mir – ich kann mir lebhaft vorstellen, wie die Leute in jedem Hotel, jedem Restaurant und überall über mich reden. Einen Tag lang zumindest bin ich berühmt, bekannt gewesen."

Alle Politiker sind Mörder. Das kannst du nur deswegen nicht erkennen, weil du ebenfalls tief drinnen ein Politiker bist. Alle Politiker sind Mörder, weil ihr ihnen völlig egal seid. Sie haben nur Eines im Kopf, etwas darstellen zu müssen. Wenn Mord ihnen dies Gefühl verschafft, ist das in Ordnung. Wenn Gewalt ihnen dies Gefühl verschafft, ist das in Ordnung.

In einem Buch über Lenin las ich … Jemand lud ihn ein, sich Beethovens Symphonien anzuhören. Er lehnte ab, und zwar ziemlich nachdrücklich. Ja, sein Nein war geradezu aggressiv. Derjenige, der ihn eingeladen hatte, traute seinen Ohren nicht: Warum war er so erbost? Er sagte: „Aber warum? Beethovens Symphonien gehören zu den größten Schöpfungen der Welt überhaupt."

Lenin darauf: „Mag sein, aber alle gute Musik ist antirevolutionär, weil sie einen so tief befriedigt. Sie macht friedlich. Ich bin gegen jegliche Musik."

Wenn sich große Musik auf der Welt ausbreitet, wird es keine Revolutionen mehr geben. Diese Logik ist stichhaltig! Lenin sagt damit etwas Wahres über alle Politiker. Sie werden keine große Musik auf der Welt dulden, keine große Dichtung auf der Welt dulden, keine großen Meditierer auf der Welt dulden, sie wollen keine ekstatischen, euphorischen Menschen haben, nein – denn was würde sonst aus ihren Revolutionen werden, aus ihren Kriegen, aus all ihren Dummheiten überall auf der Welt werden?

Man muss die Leute immer im Fieber halten, nur dann unterstützen sie Politiker. Wenn die Leute erfüllt und zufrieden sind, glücklich, wen scheren dann noch die Hauptstädte? Die Leute werden sie völlig vergessen und stattdessen werden sie tanzen und guter Musik lauschen und meditieren. Was schert sie Präsident Ford und dieses und jenes? Wen interessiert das schon? Aber unzufriedene Menschen, die nicht entspannen können, Menschen, die kein Selbst haben, unterstützen ständig das Selbst anderer, denn nur so können sie andere dazu bringen, ihr Selbst zu unterstützen.

Merkt euch also: *Self-consciousness* mit Akzent auf *self* – ist eine schwere Krankheit, eine Krankheit der Wurzeln. Man sollte sie loswerden. *Self-consciousness* mit Akzent auf *consciousness* – gehört mit zum Geheiligsten auf der Welt überhaupt, denn das haben nur gesunde Menschen, nämlich diejenigen, die zu ihrer Mitte gelangt sind. Sie sind bewusst, hellwach. Sie sind nicht leer; sie sind erfüllt.

13. Kapitel

AKTIVE OSHO MEDITATIONEN FÜR DEN MODERNEN MENSCHEN

DYNAMISCHE MEDITATIONSMETHODEN BERUHEN AUF Katharsis und gestatten, alles innere Chaos auszumisten. Das ist das Schöne an diesen Techniken. Ihr könnt nicht einfach still dasitzen, aber ihr könnt ohne weiteres mithilfe der chaotischen oder dynamischen Techniken meditieren. Sobald das Chaos draußen ist, kommt von selber Stille über euch. Dann könnt ihr still sitzen. Wenn ihr sie richtig macht, beständig macht, dann werden die kathartischen Meditationstechniken einfach nur euer ganzes inneres Chaos auflösen. Auf eurer Reise werdet ihr nicht wahnsinnig werden müssen, wie es früher vielen geschah. Das ist das Schöne an diesen Techniken. Der Wahnsinn ist bereits ausgemistet – dazu sind diese Techniken da.

Aber wenn ihr euch einfach nur still hinsetzt, wie euch so viele der alten Traditionen empfehlen … Patanjali z.B., der Begründer von Yoga, kennt keine kathartischen Methoden; anscheinend wurden sie zu seiner Zeit nicht gebraucht. Die Leute waren von Natur aus sehr still, friedlich, ursprünglich. Der Verstand hatte noch nicht so das Sagen. Die Leute schliefen gut, lebten wie Tiere. Sie waren nicht so im Kopf, logisch, rational … mehr am Herzen orientiert, so wie Urvölker es noch heute sind. Und ihr Leben war dergestalt, dass es automatisch viele Katharsen mit sich brachte.

Ein Holzfäller etwa: Der hat keine Katharsis nötig, weil er all seine mörderischen Instinkte einfach schon dadurch auslebt, dass er Bäume fällt. Wer Bäume fällt, der ermordet praktisch einen Baum. Wer im Steinbruch arbeitet, bedarf keiner kathartischen Meditation – er macht sie von früh bis spät. Aber beim modernen Menschen sieht es ganz anders aus. Heute lebt ihr in einem solchen Komfort, dass keine Katharsis in eurem Leben stattfindet ... außer dass ihr wie die Irren Auto fahrt. Darum sterben im Westen so viele Menschen täglich durch Verkehrsunfälle, mehr als aus irgendeinem anderen Grund. Das ist die größte Seuche. Weder Krebs noch Herzkrankheiten ... keine andere Krankheit fordert so viele Menschenleben wie Autofahren. Im Zweiten Weltkrieg starben in einem Jahr Millionen. Heute sterben jedes Jahr rund um den Globus mehr Menschen nur durch irrsinnige Autofahrer.

Die Autofahrer unter euch haben es vielleicht schon bemerkt, dass ihr schneller fahrt, wenn ihr wütend seid. Ihr tretet wie wild aufs Gaspedal und die Bremse vergesst ihr einfach. Wenn ihr gereizt seid, voller Hass, wird das Auto zum Ausdrucksmittel. Ansonsten lebt ihr in solchem Komfort ... setzt immer weniger euren Körper ein, lebt mehr und mehr im Kopf.

Denjenigen zufolge, die sich genauer mit unseren tiefsten Hirnfunktionen auskennen, haben Leute, die mit ihren Händen arbeiten, weniger Angst, weniger Spannung, einen besseren Schlaf. Denn eure Hände sind mit dem tiefsten Teil des Gehirns verbunden, dem tiefsten Gehirnzentrum ... eure Rechte mit der linken Gehirnhälfte, eure Linke mit der rechten Gehirnhälfte. Wenn ihr mit den Händen arbeitet, fließt die Energie vom Kopf in die Hände und wird so freigesetzt. Handarbeiter brauchen keine Katharsis. Aber Kopfarbeiter brauchen viel Katharsis, weil sich in ihnen so viel Energie anstaut, die keine Möglichkeit hat, kein Ventil hat, um über den Körper nach außen geleitet zu werden. Sie dreht sich immerzu im Verstand; bis der Verstand „durchdreht".

Aber in unserer Kultur und Gesellschaft – im Büro, in der Fabrik, auf dem Markt nennt man Kopfarbeiter „Haupt-" – Hauptverwalter, Hauptverantwortlicher ... Und die Handarbeiter werden als Handlanger abgetan. Schon das Wort Handlanger klingt abschätzig. In früheren Zeiten war die Welt völlig anders. Alle waren damals Handarbeiter. Da brauchte man keine besondere Katharsis, das Leben selbst war eine Katharsis. Damals fiel es den Leuten ganz leicht, sich einfach still hinzusetzen. Ihr hingegen könnt das nicht. Aus diesem Grund habe ich kathartische Methoden erfunden. Erst danach könnt ihr euch still hinsetzen, vorher nicht.

Und zweitens: Ich bestehe seit jeher darauf, dass zu euren Meditationen auch das Feiern gehört. In dieser hochbewussten Welt ist nichts so hilfreich wie das Feiern. Feiern ist wie das Begießen einer Pflanze. Sorgen sind genau das Gegenteil von Feiern – so als würde man die Wurzeln der Pflanze kappen. Freut euch! Tanzt mit eurer Stille! Jetzt im Moment ist sie da – das reicht. Wozu mehr verlangen? Das Morgen wird sich um sich selber kümmern. Dieser Moment ist mehr als genug; warum ihn nicht leben, ihn feiern, mit anderen teilen, genießen? Lasst ihn zu einem Lied, einem Tanz, einem Gedicht werden; lasst ihn schöpferisch sein. Lasst die Stille schöpferisch sein; fangt etwas mit ihr an.

Sie ermöglicht ungezählte Dinge ... denn nichts ist schöpferischer als Stille. Nicht nötig, ein großer Maler zu werden, weltberühmt, ein Picasso. Nicht nötig, ein Henry Moore zu werden; nicht nötig, ein großer Dichter zu werden. Der Ehrgeiz, groß zu sein, kommt aus dem Verstand, nicht aus der Stille. Male ganz auf deine eigene Art, egal wie unbedeutend. Schreib ein Haiku, auf deine eigene Art, egal wie unbedeutend. Singe ein Lied, tanze ein wenig, feiere – auf deine eigene Art und egal wie unbedeutend ... Und du wirst sehen, der nächste Moment bringt noch mehr Stille. Und sobald du dies weißt – dass du, je mehr du feierst, desto mehr bekommst, und je mehr du mit anderen teilst, desto fähiger wirst, es zu empfangen – nimmt sie mit jedem Augenblick zu, wird es mehr und immer mehr werden.

Der nächste Moment entspringt immer diesem Moment, wozu sich also darum Sorgen machen? Wenn dieser Moment still ist, wie kann der nächste Moment chaotisch sein? Woher kommt sie denn? Doch aus diesem Moment! Wenn ich in diesem Moment glücklich bin, wie kann ich im nächsten Moment unglücklich sein?

Wenn du im nächsten Moment unglücklich sein willst, musst du schon in diesem Moment unglücklich werden, denn Unglück zeugt Unglück, Glück zeugt Glück. Was immer du im nächsten Moment ernten willst, musst du jetzt gleich säen. Sobald du die Sorge zulässt und beginnst, Chaos zu erwarten, wird es kommen – du hast es bereits hereingeholt. Jetzt musst du die Ernte einfahren – sie ist bereits da. Nicht nötig, den nächsten Moment abzuwarten: Er ist bereits da.

Merkt euch Eines ... und dies ist wirklich etwas Merkwürdiges: Wenn ihr traurig seid, kommt ihr nie auf den Gedanken, dass ihr euch das nur einbilden könntet. Nie ist mir jemand begegnet, der traurig ist und zu mir sagt, dass er sich das vielleicht ja nur einbildet. Traurigkeit ist völlig real. Aber Glück? – sofort läuft da was schief und ihr fangt an zu denken: „Vielleicht bilde ich mir das ja nur ein." Wenn ihr verspannt seid, haltet ihr das nie für Einbildung. Wenn ihr eure Verspannung und Seelenqual für Einbildung halten könnt, wird sie verschwinden. Und wenn ihr eure Stille und Seligkeit für Einbildung haltet, wird sie verschwinden.

Alles, was für dich wirklich ist, wird wirklich. Alles, was man für unwirklich hält, wird unwirklich. Du bist der Schöpfer der gesamten Welt um dich her; vergesst das nicht. Es kommt selten genug vor, dass euch ein glücklicher Moment beschert wird – verderbt ihn nicht mit Denken! Aber wenn ihr überhaupt nichts tut, können durchaus Sorgen auftauchen. Aber wenn ihr gar nichts tut ... wenn ihr nicht tanzt, wenn ihr nicht singt, wenn ihr nicht mit anderen teilt, ist das durchaus möglich. Genau die Energie, die hätte schöpferisch werden können, wird die Sorgen erzeugen. Sie wird anfangen, innerlich neue Spannungen zu erzeugen.

Energie muss kreativ sein. Wenn ihr sie nicht für das Glück nutzt, wird dieselbe Energie dem Unglück zugute kommen. Und euer Unglück ist eine so tief verwurzelte Gewohnheit, dass die Energie locker dorthin fließt. Um das Glück zu erreichen, müsste sie bergauf fließen. Also werdet ihr ständig aufpassen müssen, und wann immer sich ein schöner Moment zeigt, lasst euch von ihm packen, besitzen, und kostet ihn aus bis zur Neige ... wie kann dann der nächste Moment anders sein? Aus welchem Grund wird er anders sein? Woher wird er kommen?

Eure Zeit entsteht in euch selbst. Eure Zeit ist nicht meine Zeit. Es gibt so viele Parallelzeiten wie es Vorstellungswelten gibt. Es gibt nicht die eine Zeit. Gäbe es sie, dann würde es schwierig. Dann könnte niemand inmitten der ganzen unglücklichen Menschheit ein Buddha werden, denn wir alle gehörten derselben Zeit an. Nein, es ist nicht dieselbe. Meine Zeit kommt aus mir – sie ist meine Schöpfung. Wenn dieser Moment schön ist, wird der nächste Moment noch schöner geboren – dies ist meine Zeit. Wenn dieser Moment für dich traurig ist, dann wird ein noch traurigerer Moment aus dir geboren – das ist deine Zeit. So existieren Millionen von parallelen Zeitlinien. Und es gibt ein paar Leute, die ohne Zeit existieren – diejenigen, die zum Nicht-Verstand gelangt sind. Für sie gibt es keine Zeit, weil sie nicht an die Vergangenheit denken: Sie ist vorbei, also denken nur Narren über sie nach. Wenn etwas vorbei ist, ist es vorbei.

Das buddhistische Mantra „*gate, gate, paragate – swaha* – vorbei, vorbei, endgültig vorbei – ins Feuer damit!" Das Vergangene ist nicht mehr, das Zukünftige ist noch nicht da. Warum sich darüber Gedanken machen? Wenn es kommt, werden wir sehen. Du wirst zugegen sein um dich ihm zu stellen, wozu sich also Gedanken darüber machen? Das Vergangene ist vorbei, das noch nicht Gekommene ist noch nicht da. Nur dieser Augenblick zählt – rein, voller Energie. Lebe ihn! Wenn er Stille bringt, sei dankbar. Wenn er selig ist, danke Gott, hab Vertrauen. Und wenn du vertrauen kannst, wird er wachsen. Wenn nicht, hast du ihn bereits vergiftet.

14. Kapitel

ANTWORTEN AUF FRAGEN VON MEDITIERERN

Ist es möglich, ohne jede Technik zu meditieren?

Damit hast du allerdings eine sehr wichtige Frage gestellt – denn Meditation an sich erfordert keinerlei Technik. Aber Techniken sind erforderlich, um die Hindernisse auf dem Wege zur Meditation auszuräumen. Macht euch dies also ganz klar: Meditation selbst bedarf keiner Techniken, sie ist einfaches Verstehen, Wachheit, Aufmerksamkeit. Weder ist Wachheit eine Technik, noch ist Aufmerksamkeit eine Technik. Aber bevor man wach wird, gibt es zahllose Hindernisse. Seit Urzeiten hat der Mensch diese Hindernisse angesammelt – sie müssen beseitigt werden. Meditation selbst kann sie nicht beseitigen, man braucht bestimmte Techniken, um sie zu beseitigen. Die Funktion der Techniken besteht also nur darin, den Boden zu bereiten, den Zugang, den Kanal zu öffnen.

Die Techniken selber sind nicht Meditation. Wer bei der Technik stehen bleibt, geht am Wesentlichen vorbei. J. Krishnamurti hat sein ganzes Leben lang betont, dass es keine Technik für Meditation gibt. Letztlich war der Erfolg, dass nicht etwa Millionen von Menschen zur Meditation gelangten; letztlich war der Erfolg, dass Millionen davon überzeugt waren, dass für Meditation keine Technik erforderlich sei. Nur ignorierten sie völlig, was sie mit den

Störfaktoren, den Hindernissen zu tun gedachten. Also blieben sie intellektuell davon überzeugt, dass keine Technik nötig sei. Mir sind viele Anhänger von J. Krishnamurti begegnet, darunter sehr enge, und ich hab sie gefragt: „Keine Technik ist nötig – da stimme ich fraglos zu. Aber ist dir oder sonst irgendwem, der J. Krishnamurti gelauscht hat, Meditation widerfahren?"

Obwohl das, was er sagt, im Wesentlichen wahr ist, spricht er nur von der positiven Seite der Erfahrung. Es gibt aber auch eine negative Seite. Und für diese negative Seite sind alle möglichen Techniken nötig – und zwar absolut nötig! Denn solange der Boden nicht gut vorbereitet und der Boden nicht von allem Unkraut und wilden Wurzeln befreit worden ist, kann man keine Rosen oder andere schönen Blumen pflanzen. Die Wurzeln sind den Rosen völlig egal, genauso wie das Unkraut, das man entfernt hat. Aber das Jäten dieses Unkrauts war absolut notwendig, damit der Boden geeignet ist, blühende Rosen hervorzubringen.

Du fragst mich: *„Ist es möglich, ohne jede Technik zu meditieren?"* Es ist nicht nur möglich, sondern ist die einzige Möglichkeit überhaupt. Keinerlei Technik ist nötig – was die Meditation angeht. Aber dann stehst du da mit deinem Kopf! Dein Verstand wird tausend und eine Schwierigkeit machen. Diese Techniken sind nötig, um den Verstand aus dem Weg zu räumen, um eine Situation herzustellen, in welcher der Verstand still wird, schweigt, nahezu abwesend ist. Dann geschieht Meditation von selber. Die Technik spielt keine Rolle. Du brauchst überhaupt nichts zu tun.

Meditation ist etwas Natürliches, etwas, das bereits in dir verborgen liegt und sich bemüht, hinaufzugelangen zum offenen Himmel, zur Sonne, zur Luft. Aber der Verstand hat dieses Natürliche von allen Seiten umstellt; alle Türen sind zu, alle Fenster sind zu. Die Techniken dienen dazu, die Fenster zu öffnen, die Türen zu öffnen. Und sofort wölbt sich der ganze Himmel über dir, mit all seinen Sternen, all seiner Schönheit, mit all seinen Sonnenuntergängen, mit all seinen Sonnenaufgängen ...

Alles, was dir gefehlt hat, war ein kleines Fenster ... nur ein kleiner Strohhalm kann dir ins Auge gehen und wird dich hindern, den riesigen Himmel zu sehen – weil du deine Augen nicht öffnen kannst. Es klingt völlig absurd, dass nur ein winziger Strohhalm oder ein Sandkorn dich daran hindern kann, die gewaltigen Sterne, den grenzenlosen Himmel zu sehen. Aber sie können es halt – sie tun's!

Techniken sind nötig, um diese Strohhalme, diese Sandkörner aus euren Augen zu entfernen. Und Meditation ist euer Wesen, eure eigentliche Anlage. Sie ist eine andere Bezeichnung für Wachheit.

Den jungen Vater, der seinen schreienden Säugling im Kinderwagen durch den Park spazieren fährt, scheint das nicht sehr zu stören. „Bleib cool, Albert", sagt er beschwichtigend. „Bleib cool, wie es sich für einen echten Kerl gehört!"

Ein weiteres Aufheulen ertönt! „Nur die Ruhe, Albert", brummelt der Vater, „reiß dich zusammen!"

Eine junge Mutter kommt vorbei und bemerkt: „Gratuliere. Sie verstehen, mit Babys umzugehen". Sie streichelt dem Kind über den Kopf und gurrt: „Was hat denn Albert?"

„Nein, nein", ruft der Vater. „Er heißt Johnnie. Ich bin Albert."

Er wollte sich einfach nur am Riemen reißen: „Albert, bleib cool!“ Er will wach bleiben, denn er ist drauf und dran, das Baby in den Teich zu schmeißen!

Meditation ist einfach nur Aufmerksamkeit ohne Anstrengung, unangestrengte Wachheit; sie bedarf keiner Technik. Aber euer Verstand ist so voll von Gedanken, so voll von Träumen, so voll von der Vergangenheit und der Zukunft – er ist nicht hier und jetzt, und wach sein musst du hier und jetzt.

Die Techniken dienen dazu, euch zu helfen, eure Wurzeln in der Vergangenheit zu kappen, eure Träume aus der Zukunft zu verjagen und euch an diesen Augenblick zu halten, so als gäbe es nur diesen Augenblick. Dann ist keinerlei Technik nötig.

Hymie Goldberg besucht seinen Freund Mr. Cohen an dessen Sterbebett. „Tu mir den Gefallen“, sagt Hymie, „und lass mich, wenn du in den Himmel kommst, irgendwie wissen, ob man da oben Baseball spielt.“ Mr. Cohen verspricht, er werde alles tun, um in Kontakt mit seinem alten Freund zu treten, wenn das überhaupt möglich sei.

Kaum ist Cohen ein paar Tage unter der Erde, klingelt bei Hymie Goldberg das Telefon.

„Hallo, Hymie, hier spricht dein alter Freund Cohen.“

„Ich fass es nicht – Cohen?“ fragt Hymie.

„Na klar“, antwortet sein Freund. „Ich hab eine gute und eine schlechte Nachricht für dich. Erstens: Es gibt im Himmel Baseball. Und die schlechte Nachricht ist, dass du nächsten Sonntag mitspielst.“

Das Leben ist eine komplizierte Sache. Es gibt gute und es gibt schlechte Nachrichten. Die gute Nachricht ist, dass keine Technik nötig ist. Aber die schlechte Nachricht ist, dass du ohne irgendeine Technik nicht dahinter kommen wirst!

Oft hast du, um deine Arbeit zu beschreiben, den Begriff Entprogrammierung erwähnt. Zu den Techniken, die du dazu empfohlen hast, gehören u.a. chaotische und dynamische Meditationen, aber auch moderne therapeutische Techniken. Warum musstest du neue Meditationstechniken wie die Kundalini Meditation oder die Dynamische Meditation erfinden, obwohl bereits eine Tradition mit Hunderten von Techniken aus Yoga, Sufismus, Buddhismus usw. existiert? Zusätzlich werden hier Techniken wie die Gestalt-, Primär- und Encounter-Therapien angeboten. Ist das notwendig? Es gibt Leute, die sagen, deine heimliche Absicht sei es, die Leute einer Gehirnwäsche zu unterziehen.

Die alten Meditationsmethoden wurden alle im Osten entwickelt. Sie berücksichtigen nie den westlichen Menschen, der westliche Mensch war ausgeschlossen. Die Meditationen, die ich heute entwickle, die sich nicht nur für den östlichen Menschen, sondern für alle Menschen eignen, östliche wie westliche.

Es besteht ein Unterschied zwischen der östlichen und der westlichen Überlieferung – und die Überlieferung erzeugt die Einstellung. So ist die Einstellung des Ostens zum Beispiel sehr geduldig – seit Jahrtausenden wurde er angeleitet, geduldig zu bleiben, ohne Rücksicht auf die Umstände.

Die westliche Einstellung ist sehr ungeduldig. Dieselben Methoden oder Techniken können nicht für beide gelten. Der Osten wird seit je dazu angehalten, ein gewisses Gleichgewicht zu wahren – im Erfolg wie im Scheitern, in Reichtum und Armut, in Krankheit und Gesundheit, im Leben und im Sterben. Der Westen hat keine Ahnung von einem solchen Gleichgewicht; er regt sich immer viel zu sehr auf. Erfolg verstört ihn und man fängt an, sich für einsame Spitze zu halten und kriegt eine Art Überlegenheitskomplex. Im Scheitern geht man ins andere Extrem und stürzt in die siebte Hölle. Dann ist man todunglücklich, zutiefst verzweifelt und fühlt sich furchtbar minderwertig. Er fühlt sich gespalten.

Dabei besteht das Leben aus beidem. Es gibt Momente, die schön sind, und es gibt Momente, die hässlich sind. Es gibt Momente, da man verliebt ist, es gibt Momente, da man voller Wut, voller Hass ist. Im Westen richtet man sich einfach nach der jeweiligen Situation. So ist man immer aufgewühlt. Im Osten hat man dagegen gelernt ... das ist anerzogen, nichts Revolutionäres, sondern reines Training, reine Disziplin, reine Übung. Untendrunter ist man genauso, aber man wird durch eine dicke Schicht Konditionierung zusammengehalten. Der Geist des Ostens ist sehr langsam, da er keinen Grund sieht, sich zu beeilen: Das Leben geht seinen Weg und alles ist vorherbestimmt, Schicksal. Was du also erreichst, das erreichst du nicht durch deine Eile, deine Hetze. Du erreichst nur das, was dir bereits vorbestimmt ist. Man braucht sich absolut nicht abzuhetzen. Was immer geschehen soll, wird geschehen – weder eine Sekunde zu früh noch eine Sekunde zu spät.

Das hat im Osten zu einer großen Trägheit geführt – fast so, als würde der Fluss gar nicht fließen; er tut es so langsam, dass man seine Strömung gar nicht erkennen kann. Zudem lernt man im Osten von Kindesbeinen an, dass man bereits Millionen von Leben hinter sich und noch Millionen von Leben vor sich hat – also hat man nicht nur siebzig Jahre zu leben. Die Lebenszeit ist riesig und unabsehbar. Es gibt keine Eile; man hat unendlich viel Zeit zur Verfügung: Wozu sich also beeilen? Wenn es in diesem Leben nicht geschieht, dann geschieht es vielleicht in einem anderen.

Der Westen hat es sehr eilig, dort drängt die Zeit, denn dort ist man für ein einziges Leben programmiert – nur siebzig Jahre, und so viel zu tun! Ein Lebensdrittel geht mit Schlaf drauf, ein Lebensdrittel geht in die Erziehung, Ausbildung … was bleibt da übrig? Viel davon geht damit drauf, deinen Lebensunterhalt zu verdienen. Wenn du alles nachrechnest, wirst du dich wundern. Von siebzig Jahren bleiben dir nicht einmal sieben Jahre für die Dinge, die du gern tun würdest. Freilich drängt da die Zeit, hat man es wahnsinnig eilig, so sehr, dass man seine Richtung aus den Augen verliert. Nur Eines interessiert einen noch: Ob man schnell vorankommt oder nicht. Das Mittel wird zum Zweck. Und so ist es in allen Lebensbereichen dasselbe …

Der Osten hat eine andere Kultur entwickelt als der Westen. Die östlichen Meditationsmethoden haben den westlichen Menschen nie berücksichtigt; sie wurden ja auch nicht für den Westen entwickelt; man kannte den westlichen Menschen noch gar nicht.

Die Zeit, in der das *Vigyan Bhairav Tantra* geschrieben wurde – worin einhundertzwölf Techniken perfektioniert wurden – ist zwischen fünf- und zehntausend Jahre her. Damals gab es noch keinen westlichen Menschen, keine westliche Gesellschaft, keine westliche Kultur. Der Westen war noch barbarisch, primitiv, nicht der Beachtung wert. Der Osten war die ganze Welt, hatte den Gipfelpunkt seines Wachstums, Reichtums, seiner Zivilisation erreicht.

Meine Meditationsmethoden beruhen auf einer absoluten Notwendigkeit. Ich möchte, dass sich der Unterschied zwischen dem Westen und dem Osten auflöst. Seit Shivas *Vigyan Bhairav Tantra*, also seit nunmehr fünf- oder zehntausend Jahren, hat niemand eine einzige Methode entwikkelt. Aber ich habe die Unterschiede zwischen Ost und West genau beobachtet: Dieselbe Methode passt nicht automatisch für beide. Erst müssen der östliche und der westliche Geist einander angeglichen werden. Diese aktiven Techniken – also die Dynamische oder die Kundalini und andere – sind alle kathartisch; sie beruhen auf Katharsis. Ihr müsst all den Mist wieder rauswerfen, mit dem man euch vollgestopft hat. So lange ihr nicht entlastet seid, könnt ihr nicht stillsitzen. Das ist, als würde man von einem Kleinkind verlangen, still in einer Zimmerecke zu sitzen – praktisch unmöglich, es hat viel zu viel Energie. Ihr deckelt einen Vulkan! Am besten sagt ihr ihm erst: „Geh raus und lauf zehnmal ums Haus. Dann komm rein und setz dich in die Ecke."

Dann ist es möglich, habt ihr es möglich gemacht. Es selbst möchte sich jetzt hinsetzen, um auszuruhen. Es ist müde, es ist erschöpft; setzt sich jetzt hin, unterdrückt nicht mehr seine Energie – die hat sich dadurch zum Ausdruck gebracht, dass es zehnmal ums Haus lief. Jetzt ist ihm wohler. Die kathartischen Methoden sollen einfach nur all eure Ungeduld, eure Hetze, eure Eile, eure Verdrängungen rauswerfen.

Noch ein Faktor ist hier wichtig: Dass das alles für den westlichen Menschen absolut notwendig ist, ehe er sich an so etwas heranwagen darf wie Vipassana – „einfach still sitzen, gar nichts tun und das Gras wächst von selbst." Aber du musst das auch können – still sitzen, ohne etwas zu tun; denn ohne diese Grundvoraussetzung wächst das Gras nicht von selber. Wenn du nicht still sitzen kannst, ohne etwas zu tun, wirst du das Gras nur behindern.

Ich liebe Gärten seit jeher, und wo immer ich gewohnt habe, habe ich schöne Gärten und Rasen angelegt. Dann unterhielt ich mich mit den Leuten auf meinem Rasen sitzend, und ich bemerkte, wie sie allesamt Grashalme ausrissen ... aus purer Nervosität. Wenn sie nichts zu tun hatten, rupften sie einfach das Gras. Ich musste ihnen erklären: „Wenn sie damit fortfahren, werden Sie im Haus Platz nehmen müssen. Ich kann nicht zulassen, dass Sie meinen Rasen zerstören." Eine Weile lang hielten sie dann wohl an sich, und sobald sie mir zu lauschen begannen, rupften ihre Hände wieder unbewusst das Gras aus. Somit ist das Stillsitzen und Nichtstun nicht einfach nur ein Stillsitzen und Nichtstun, sondern man tut dem Gras damit einen großen Gefallen ... Solange man noch etwas tut, kann das Gras nicht wachsen, wird man es behindern, wird man es ausrupfen, wird man es stören.

Somit sind diese Methoden für den westlichen Menschen absolut unerlässlich. Aber ein neuer Faktor ist dazugekommen: Sie sind inzwischen sogar für den östlichen Geist unerlässlich. Der Geist, für den Shiva diese einhundertzwölf Meditationsmethoden aufschrieb, existiert nicht mehr – selbst im Osten jetzt. Der westliche Einfluss war gewaltig. Alles ist heute anders.

Zu Shivas Zeiten gab es keine westliche Zivilisation. Der Osten stand auf dem Gipfel seines Glanzes; er wurde „ein goldener Vogel" genannt. Er besaß jeden Luxus, jeden Komfort. Er war wirklich wohlhabend. Heute verhält es sich umgekehrt. Der Osten ist zweitausend Jahre lang nur versklavt und von praktisch jedem in der Welt ausgebeutet worden. Ein dutzend Länder haben ihn erobert, fortwährend ausgeplündert, vergewaltigt, verbrannt. Jetzt ist er ein Bettler. Und dreihundert Jahre Britenherrschaft in Indien haben das eigene Bildungssystem der Inder zerschlagen – welches vollkommen anders beschaffen war. Sie zwangen dem östlichen Geist westliche Erziehungsmaßstäbe auf und haben praktisch die östliche Intelligenzia zu einer westlichen Intelligenzia zweiten Ranges degradiert. Sie haben den Osten mit ihrer krankhaften Hetze, Ungeduld, ständigen Verzweiflung und Angst angesteckt.

Wenn ihr euch die Tempel von Khajuraho oder die Tempel von Konarak anschaut, habt ihr den Osten in seinen wahren Farben vor Augen. Allein in Khajuraho gab es einhundert Tempel; nur dreißig haben überlebt, siebzig sind von den Muslimen zerstört worden. Die Muslime haben Tempel mit überwältigend schönen Skulpturen zu Tausenden zerstört. Diese dreißig überlebten; es war reiner Zufall, denn sie lagen im Urwald. Vielleicht übersahen die Eroberer sie. Aber der britische Einfluss auf das indische Denken war so groß, dass selbst ein Mann wie Mahatma Gandhi diese dreißig Tempel unter Schlamm begraben wollte, damit niemand sie zu Gesicht bekam. Man denke nur an die Menschen, die diese hundert Tempel geschaffen hatten ... an jedem Tempel muss Jahrhunderte lang gebaut worden sein. Sie sind so zart gebaut, so wohlproportioniert und so schön, dass es auf der ganzen Erde nichts Vergleichbares gibt.

Und wie ihr euch vorstellen könnt, existieren Tempel nicht für sich; wenn es hundert Tempel gab, muss es eine Stadt mit Tausenden Bewohnern gegeben haben – wozu sonst einhundert Tempel? Wo sind diese Menschen? Mit den Tempeln sind die Menschen gemetzelt worden. Und diese Tempel sind für mich nur ein Beispiel; denn ihre Skulpturen müssen dem westlichen Geist pornografisch vorkommen. Sogar Mahatma Gandhi kamen sie pornografisch vor.

Indien hat Rabindranath Tagore so viel zu verdanken ... Er war es, der die Pläne Mahatma Gandhis und anderer Politiker vereitelte – sie alle wollten die Tempel zuschütten, damit niemand sie sehen konnte. Rabindranath Tagore sagte: „Das ist absolut idiotisch! Sie sind nicht pornografisch, sie sind unbeschreiblich schön."

Die Grenzlinie zwischen Pornografie und Schönheit ist sehr schmal. Eine nackte Frau ist nicht automatisch pornografisch; ein nackter Mann ist nicht automatisch pornografisch. Ein schöner Mann, eine schöne Frau – nackt – können der Inbegriff von Schönheit, Gesundheit und Ebenmaß sein. Sie sind das Herrlichste, was die Natur hervorgebracht hat. Wenn ein Reh nackt und schön sein kann – und wer findet ein Reh schon pornografisch?! – wie kann es dann sein, dass man einen Mann oder eine Frau, beide nackt, nicht einfach als schön gelten lässt?

Zur Zeit von Viktoria von England gab es Damen, die die Stuhlbeine mit Stoff bedeckten, weil Beine nicht nackt zu sein hatten – Stuhlbeine! Aber da sie Beine genannt werden, hielt man es für unzivilisiert, kulturlos, sie nackt zu lassen. Im viktorianischen England gab es eine Bewegung, dass niemand mit seinem unbekleideten Hund Gassi gehen dürfe. Hunde dürfen nicht nackt sein ... als wäre Nacktheit an sich schon pornografisch. Es liegt am pornografischen Denken.

Ich bin Hunderte Male in Khajuraho gewesen, und ich fand keine einzige Skulptur pornografisch. Ein Aktbild oder eine nackte Statue wird erst dadurch pornografisch, dass sie deine Sexualität reizt. Das ist das einzige Kriterium: Wenn es deine Sexualität reizt, wenn es deinen Geschlechtstrieb anstachelt. Aber in Khajuraho ist das nicht der Fall. Im Gegenteil, diese Tempel sind in der genau entgegengesetzten Absicht entstanden.

Sie wurden dazu geschaffen, um über Mann und Frau im Liebesakt zu meditieren. Und die Steine sind zum Leben erwacht. Die Leute, die sie schufen, müssen die größten Künstler gewesen sein, die die Welt je gekannt hat. Sie wurden gemacht, um über sie zu meditieren, sie waren Meditationsobjekte. Es ist ein Tempel, und ringsum saßen Meditierer, die einfach die Skulpturen betrachteten und dabei ihr Inneres beobachteten, ob sich irgendein sexuelles Verlangen regte. Das war das Ausschlaggebende: Wenn sie merkten, dass sich kein sexuelles Verlangen regte, war das ihre Zulassung für das Betreten der Tempel. All diese Skulpturen befinden sich nämlich an der Außenseite des Tempels, an den Außenwänden; innen gibt es keine nackten Statuen. Aber erst mussten die Leute darüber meditieren, und erst wenn sie die Prüfung ohne alle Begierde bestanden – vielmehr hatte sich ihr normaler Sexualtrieb angesichts der Skulpturen beruhigt –, durften sie das Innere des Tempels betreten. Sonst durften sie das nicht. Das wäre Entweihung – den Tempel mit einem solchen Verlangen im Innern zu betreten. Damit würde der Tempel verunreinigt – man würde den Tempel beleidigen. Die Erbauer dieser Tempel hinterließen auch eine gewaltige, umfangreiche Literatur.

Der Osten hat die Sexualität nie unterdrückt. Vor Buddha und Mahavir hatte der Osten die Sexualität nie unterdrückt. Mit Buddha und Mahavir wurde das Zölibat erstmalig zu etwas Spirituellem. Schließlich waren vor Buddha und Mahavir alle Seher der Upanishaden, der Veden, verheiratet; sie lebten nicht enthaltsam, sie hatten Kinder. Und diese Leute hatten auch nicht der Welt entsagt. Sie hatten alle Luxusgüter und alle Bequemlichkeiten. Sie lebten in den Wäldern, aber sie wurden mit allem versorgt durch ihre Schüler, durch die Könige, durch Menschen, die sie liebten. Und ihre Ashrams, ihre Schulen, ihre Akademien waren sehr wohlhabend.

Mit Buddha und Mahavir begann im Osten eine krankhafte Tradition der Enthaltsamkeit, der Unterdrückung. Und als das Christentum nach Indien kam, brachte es seine sehr starke Neigung zur Verdrängung mit. Die letzten drei Jahrhunderte unter dem Christentum haben den östlichen Geist fast so repressiv gemacht wie den westlichen Geist. Heute also dienen meine Methoden beiden. Ich nenne sie vorbereitende Methoden. Sie sollen alles zerstören, was euch daran hindern kann, in eine stille Meditation zu gehen. Sobald die Dynamische und die Kundalini Meditation ihre

Aufgabe erfüllt haben, seid ihr sauber, habt ihr alles Repressive ausgelöscht, habt ihr die Hetze, die Eile, die Ungeduld ausgelöscht. Jetzt seid ihr so weit, den Tempel zu betreten.

Nur aus diesem Grund habe ich darüber gesprochen, man solle den Sex akzeptieren, denn ohne dass ihr den Sex akzeptiert, könnt ihr die Verdrängung nicht loswerden. Und ich möchte, dass ihr vollkommen rein und natürlich seid. Ich möchte, dass ihr in einer Verfassung seid, wo diese einhundertzwölf Methoden für euch in Frage kommen.

Das ist der Grund, warum ich mir diese Methoden ausgedacht habe – sie sind einfach Reinigungsmethoden. Ich habe auch die westlichen Therapiemethoden hinzugenommen, weil der westliche Geist, und unter seinem Einfluss auch der östliche Geist, und somit beide erkrankt sind. Nur selten ist heute ein gesunder Geist anzutreffen. Alle empfinden eine Art Übelkeit, eine geistige Übelkeit, eine gewisse Leere, die wie eine Wunde schmerzt. Alle haben das Gefühl, dass ihr Leben zum Albtraum geworden ist. Alle machen sich Sorgen, haben zu viel Angst vorm Tod … nicht nur Angst vorm Tod, sondern auch vorm Leben.

Die Leute leben halbherzig, die Leute führen ein lauwarmes Leben, nicht intensiv wie Sorbas der Grieche, nicht mit gesundem Gusto, sondern schleppen sich dahin: „Man muss halt leben, also lebt man." Man muss halt lieben, also lieben sie. Man muss es so machen, muss so sein, also halten sie sich daran. Sonst aber ist von ihnen kein innerer, eigener Antrieb zu erwarten. Ihre Energie schäumt nicht über. Sie gehen keine Risiken ein, um total zu leben. Sie haben keine Abenteuerlust – und ohne Abenteuerlust ist man nicht gesund. Risikofreudigkeit – darauf kommt es an, darauf, sich ins Unerforschte zu wagen. Die Leute sind nicht jung, von der Wiege an werden sie einfach nur alt. Jugend findet nie statt.

Die westlichen Therapiemethoden können euch zwar nicht helfen, spirituell zu wachsen, aber sie können den Boden bereiten. Sie können zwar keine Blumensamen aussäen, aber sie können den Boden bereiten – was eine Notwendigkeit ist. Dies war einer der Gründe, warum ich die Therapien einbezogen habe. Es gibt noch einen Grund: Ich wünsche, dass Ost und West zusammen finden. Der Osten hat meditative Methoden entwickelt; der Westen hat keine meditativen Methoden entwickelt; der Westen hat Psychotherapien entwickelt. Wenn wir wollen, dass sich der Westen für Meditationsmethoden interessiert, wenn ihr wollt, dass der Osten sich dem Westen annähert, dann muss es zu einer Art Geben und Nehmen kommen. Nicht alles darf einfach nur östlich sein – etwas von der westlichen Evolution muss mit einbezogen werden. Und ich finde, dass diese Therapien enorm hilfreich sind. Sie führen zwar nicht weit, sind aber soweit gut. Wo sie aufhören, können die Meditationen übernehmen.

Aber der Westen sollte das Gefühl haben, etwas aus seiner Entwicklung zu der Begegnung, der Verschmelzung beigetragen zu haben; sie darf nicht einseitig sein. Und diese Therapien sind wichtig. Sie können nicht schaden, sondern nur helfen. Ich habe sie in den letzten zwanzig Jahren eingesetzt, mit überwältigendem Erfolg. Sie haben den Leuten geholfen, ihr Inneres zu bereinigen und sich darauf vorzubereiten, den Tempel der Meditation zu betreten. Mir liegt daran, die Trennung zwischen Ost und West zu überwinden.

Die Erde sollte eins sein, nicht nur politisch, sondern auch spirituell.

Und die Leute, sagst du, meinen, dass dies eine gerissene Art von Gehirnwäsche sei. Es ist mehr als das: Es ist Verstandeswäsche, nicht Gehirnwäsche. Gehirnwäsche ist sehr oberflächlich. Das Gehirn ist die Maschine, deren sich der Verstand bedient. Das Gehirn lässt sich ohne weiteres waschen – jede Maschine kann man waschen und reinigen und schmieren. Aber wenn der Verstand, der hinter dem Gehirn steht, verseucht ist, verschmutzt ist, voll verdrängter Begierden ist, voller Hässlichkeit, dann wird das Gehirn bald von all diesen Abscheulichkeiten wimmeln.

Und ich sehe nicht, was verkehrt daran sein soll – Waschen ist immer gut. Ich bevorzuge die chemische Reinigung, ich benutze nicht die alten Waschmethoden.

Gibt es eigentlich echte Probleme oder sind alle Probleme nur Verstandesspielchen? Verschwinden Probleme durch Bewusstheit oder besteht die Möglichkeit, dass Bewusstheit zur Verdrängung führt? Ich stelle fest, dass ich immer, wenn ich etwas mehr in meiner Mitte und bewusster bin als sonst, gar keine Probleme habe; aber wenn es damit vorbei ist, sind all die alten Probleme wieder da und kommen mir sogar noch größer vor. Ist das Verdrängung?

Alle Probleme beruhen auf Unbewusstheit. Unbewusstheit führt zu Problemen, ist das einzige Problem überhaupt. Wenn du also bewusst wirst, verschwinden die Probleme –

sie werden nicht verdrängt! Und wenn du sie verdrängst, wirst du niemals bewusst werden, vergiss das nicht; jemand, der seine Probleme verdrängt, wird nämlich Angst davor haben, bewusst zu werden. Wenn einer, der Probleme verdrängt, bewusst wird, dann kommen diese Probleme hoch. Bewusstheit wird sie ans Licht bringen.

Das ist, als würdest du Abfall in deinem Haus verstecken Dann wirst du Angst vor zu viel Licht haben, weil du sonst alles sehen musst, was du darin versteckt hast. Du kannst kein Licht machen.

Einmal wohnte ich ein paar Tage lang in einem Dorf. Dort war ein Fluss, so schmutzig ... ein ganz kleiner Bach, nicht einmal „Bach" zu nennen. Und das war der einzige Wasservorrat. Ein Gast kam mich besuchen. Ich wusste nicht recht, wie konnte ich ihn an diesen schmutzigen Bach bringen? Also brachte ich ihn frühmorgens hin, gegen vier Uhr morgens, und wir genossen es und sprachen davon, wie schön es sei, denn der Mond schien und der Bach war wirklich ein schöner Anblick. Und begeistert rief er aus: „Noch nie hab ich ein so schönes Fleckchen gesehen!"

Ich sagte: „Schon gut, aber komm hier nie tagsüber hin."

Er fragte: „Warum?"

Ich sagte: „Komm einfach nicht.

Natürlich ging er später am Morgen wieder hin und kam zurück mit den Worten: „Was für ein dreckiges Loch!"

Dabei hatte es so schön ausgesehen...

Wer verdrängt, wird sich vor der Bewusstwerdung fürchten. Darum haben Millionen Angst davor, bewusst zu werden. Bewusstheit wird es hell in euch machen, und dann werdet ihr all die Skorpione und die Schlangen und die Wölfe sehen ... und das ist beängstigend. Man bleibt lieber im Dunkeln. Wenigstens kann man sich dann weiter vormachen, dass es keine Probleme gibt. Bewusstheit wird alles Verdrängte freisetzen. Bewusstheit verdrängt nie – im Gegenteil, sie setzt Verdrängungen frei.

Aber deine Erfahrung stimmt: Wenn du bewusst wirst, verschwinden die Probleme. Natürlich stellt sich da die Frage: Ist es nicht die Bewusstheit, die all diese Probleme verdrängt? – denn wie sonst könnten sie plötzlich verschwinden? Und wenn es vorbei ist mit der erhöhten Aufmerksamkeit und du nicht mehr in deiner Mitte und nicht länger bewusst bist, tauchen die Probleme wieder auf – und zwar größer denn je! So lautet natürlich die Schlussfolgerung: Die Bewusstheit verdrängt sie. So ist es nicht.

Wenn du unbewusst bist, verursachst du Probleme. Das Unbewusste spricht seine eigene Sprache, nämlich die Sprache der Probleme. Das ist so, wie wenn du im Dunkeln tappst. Irgendetwas fällt um, du stolperst über etwas anderes. Diese Probleme liegen an der Dunkelheit. Wenn es hell wird, wirst du nicht über den Tisch stolpern und wird nichts umfallen. Jetzt kannst du dich problemlos bewegen. Du wirst sehen können. Aber wenn es dunkel ist, versuch mal durchs eigene Haus zu gehen und es wird so manches passieren. In der Nacht wirst du vielleicht nicht einmal die Tür finden können. Du wirst vielleicht nicht mehr wissen, wo alles steht. Im Dunkeln macht deine Lebensweise Probleme. Das Dunkel oder auch Unbewusste versteht nur die Sprache der Probleme; sie hat keine Lösungen. Selbst wenn man dir die Lösung sagt, wirst du in deiner Unbewusstheit ein Problem daraus machen. Das wiederholt sich dann ständig: Wenn ich euch etwas sage, versteht ihr etwas total anderes. Ihr versteht Dinge von eurem Standpunkt aus.

Daher werden die Buddhas seit jeher falsch verstanden. So ist die Natur, es ist unvermeidlich. Es ist sehr schwer, einen Buddha zu verstehen und sehr leicht und natürlich, ihn misszuverstehen. Ihn zu verstehen setzt eurerseits eine enorme Bewusstheit voraus – denn er lebt in einer Welt, in der es keine Probleme gibt! Wo es nur Lösungen über Lösungen gibt, aber keine Probleme, nur Antworten und keine Fragen. Und ihr lebt in einer Welt, wo es nur Fragen über Fragen gibt und keine Antworten. Die Entfernung zwischen euch ist riesig ... so als würdet ihr auf verschiedenen Planeten leben. Der Buddha ruft es euch andauernd von außen zu, aber was dann zu euch durchdringt, ist etwas völlig anderes. Und ihr könnt immer Rationalisierungen für das finden, was ihr versteht. Ihr könnt richtig streitsüchtig werden, auch defensiv.

Bill wird vor Gericht verhört. Die Fragen des Staatsanwalts hat er bereits gelassen beantwortet. Jetzt ist der Richter dran: „Nimmt der Angeklagte allen Ernstes an, dass das Gericht ihm sein Märchen glaubt, er habe die voll ausgerüstete Destille auf seinem Anwesen nicht dazu benutzt, illegal Whiskey zu brennen?

„Ganz recht, Euer Ehren!“ sagt Bill. „Ich hab das als besondere Kuriosität angeschafft, um darüber bekannt zu werden. Ich habe es nicht und werde es nicht zum Brennen von Whiskey nutzen.“

„Blödsinn!“, brüllt ihn der Richter an. „Für das Gericht ist der Besitz der Gerätschaft schon Beweis genug für Ihre Schuld.“

„Dann sollten Euer Ehren mir besser gleich die Vergewaltigung Eurer Tochter zur Last legen."

„Was?!" schreit der Richter. „Sie haben auch noch meine Tochter vergewaltigt?"

„Nein, Sir", sagt Bill. „Aber sie war gestern Abend bei mir zu Hause – und die Gerätschaft dafür hab ich zweifelsohne!"

Der Verstand ist sehr gerissen und schlau. Er kann schlau argumentieren. Er kann sogar Rationalisierungen und Beweise finden. Er kann euch das Gefühl geben, richtig verstanden zu haben. Aber die Frage ist von enormer Tragweite. Sie betrifft jeden der Anwesenden. Denn dies ist ein Ort, wo ihr immer bewusster werden müsst. Bewusstheit muss zum hiesigen Klima werden.

„Gibt es eigentlich wirkliche Probleme?" Sie existieren nur in eurer Unbewusstheit – dann sind sie wirklich. Wo Unbewusstheit herrscht, sind sie wirklich. So wie Träume existieren, wenn ihr schlaft – sind sie wirklich? Ja, wenn du schläfst, sind sie absolut wirklich. Aber wenn du wach bist, weißt du, dass sie unwirklich waren. Sie gehören zum schlafenden Bewusstsein. Ganz genauso existieren Probleme, wenn du nicht in deiner Mitte, nicht hellwach bist. Wenn du in deiner Mitte bist, hellwach, aufmerksam, ein Zeuge, lösen Probleme sich einfach in Luft auf.

„Sind alle Probleme Verstandesspielchen?" Ja, sie sind allesamt Verstandesspielchen. Und „Verstand" ist nichts anderes als eine Bezeichnung für das Unbewusste.

„Bringt Bewusstheit Probleme zum Verschwinden oder besteht die Möglichkeit, dass Bewusstheit zur Verdrängung führt?" Das kommt auf dich an. Die Gefahr besteht durchaus.

Wenn du dich zur Bewusstheit zwingst, wird sie repressiv sein. Wenn du der Bewusstheit gestattest, Besitz von dir zu ergreifen, wird sie nicht-repressiv sein. Wenn du Bewusstheit praktizierst, stur, wenn sie etwas von Willenkraft hat, dann wirst du verdrängen.

Der Wille verdrängt immer. Der Wille ist die Quelle der Verdrängung. Wo immer der Wille herrscht, dort wird es Verdrängung geben. Also darf dein Bewusstsein nicht aus Willenskraft kommen, sondern muss aus dem Verstehen kommen. Es muss entspannt sein. Es muss eine Art Loslassen sein. Nicht erzwungen. Das gilt es zu verstehen – ganz wichtig. Wenn du versuchst, bewusst zu werden, wirst du dich unterdrücken.

Zum Beispiel: Du wirst plötzlich wütend und du versuchst, dir deine Wut bewusst zu machen – stur, zwanghaft, gewaltsam, aggressiv, aktiv, mit Willenskraft. Vor solch einer Anstrengung wird die Wut zurückweichen. Sie wird in das Reservoir deines Unbewussten fallen. Sie wird in den Keller deines Daseins rutschen und dort abwarten. Wenn deine Anstrengung vorbei ist ... und Anstrengung kann nicht ewig währen, denn sie ermüdet dich. Du kannst dich anstrengen, deinen Willen für einen Moment, ein paar Momente, ein paar Stunden, ein paar Tage lang durchsetzen, aber früher oder später wirst du eine Erholungspause brauchen. Du wirst die ganze Anstrengung satt haben. Und kaum verschnaufst du ein wenig, ist die Wut wieder da – mit mehr Macht, denn all der Druck hat sie komprimiert. Und jede komprimierte Energie nimmt zu, gewinnt Momentum. Sobald sich also der Deckel deiner Anstrengung und deines Willens hebt und der Druck wegfällt, wird deine Rage gewaltsam explodieren.

Genau das widerfährt Leuten, die sich „am Riemen reißen." Sie können zwar ihre Wut unterdrücken, aber damit erzeugen sie lediglich Rage. Wut ist momentan, Rage ist chronisch. Um Wut braucht man sich keine Sorge zu machen – sie kommt und geht. Sie ist nur wie ein Windstoß. Aber Rage ist gefährlich. Sie wird Teil von dir. Sie wird dein Fundament. Sie ist immerzu da.

Kennt Ihr nicht auch Leute, die ständig wütend sind? Sie mögen ihre Wut kein bisschen zeigen, aber sie sind andauernd wütend. Was immer sie tun, das tun sie wütend. Die Wut fließt ständig unter ihnen wie eine Unterströmung. Sie ist zwar abgetaucht, aber sie beeinflusst ihre Liebe, sie beeinflusst ihre Freundschaft, sie beinflusst ihre ganze Ausstrahlung. Sie werden abstoßend, sie werden hässlich. Dabei brauchen sie gar nicht wütend zu werden, nie ihre Wut zu zeigen. Im Normalfall sind Leute, die bei geringen Anlässen wütend werden, herzensgute Leute, die nie in Rage sind. Sie sind vertrauenswürdig: Sie können nicht morden oder Selbstmord begehen. Dafür sammeln sie nie genug Gift an. Alles, was sich an geringem Gift ansammelt, wird weggeworfen. Sie sind immer frisch und gesund. Hin und wieder werden sie zwar wütend, aber sie sammeln es nicht, sie häufen es nicht an – sie horten nichts.

Die so genannten Gutmenschen, die Ehrbaren, die Heiligen und dergleichen, sind dagegen wirklich gefährlich – sie sammeln unentwegt an. Bis es irgendwann dann mal explodiert. Und wenn es nicht explodiert, muss es ihnen in Fleisch und Blut übergehen … dann wird es chronisch. Zwingt Bewusstheit niemals durch Willenskraft herbei. Alles, was auf Willenskraft beruht, wäre verkehrt – das ist der Unterschied. Wie aber dann bewusst werden?

Wenn die Wut kommt, dann versteht, warum sie gekommen ist; versucht es ohne jede Verurteilung zu verstehen, aber auch ohne Rechtfertigung, ohne Bewertung. Schaut einfach nur genau hin. Neutral solltet ihr sein.

Genauso, wie ihr eine Wolke beobachtet, die am Himmel dahin treibt ... treibt am inneren Himmel eine Wutwolke – beobachtet sie. Was ist mit ihr? Schaut tief in sie hinein. Versucht sie zu verstehen. Und ihr werdet eine Kettenreaktion beobachten können: Die Wutwolke löst sich auf, aber weil ihr sie genau geprüft habt, hat sich etwas anderes gezeigt: Vielleicht war euer Ego verletzt, darum seid ihr wütend geworden. Jetzt beobachtet diese Wolke, die weniger sichtbar ist. Beobachtet sie weiter. Geht der Sache auf den Grund.

Niemand hat je entdecken können, dass am Ego etwas dran ist. Wenn ihr ihm also auf den Grund geht, werdet ihr es gar nicht finden. Und wenn ihr's nicht gefunden habt, seid ihr's los. Dann plötzlich ist nur noch Licht da – aufgrund eurer Einsicht, aufgrund eures Tiefblicks, aufgrund eurer Zeugenschaft, ohne Anstrengung, ohne Willen, ohne zu folgern, dass es so oder so sein sollte. Ein neutrales Zeugesein ... und schon steigt Bewusstheit auf. Und diese Bewusstheit hat Schönheit und Segen. Diese Bewusstheit wird euch heilen. Und wenn diese Bewusstheit kommt, werdet ihr sie niemals satt haben, weil sie von vornherein nicht erzwungen wurde. Also braucht man auch keine Verschnaufpause!

Überlegt nur mal – der christliche, der jüdische Gott war nach sechs Tagen müde und musste sich am siebenten Tag ausruhen. Im Osten können wir uns einen Gott, der sich ausruht, nicht vorstellen. Warum? Gönnen wir ihm das vielleicht nicht? Der Gott des Ostens arbeitet immerzu weiter und weiter – ohne Feiertag. Warum gibt es im Osten für Gott keinen Feiertag? Tatsächlich wurde der Feiertag, den wir hier im Osten haben, in den Büros, in den Schulen und Colleges, aus dem Westen eingeführt. Andernfalls käme überhaupt kein Feiertag in Frage; denn von jeher sah man das Leben von einer völlig anderen Warte aus: Als Spiel, nicht als Arbeit.

Der jüdische Gott musste ja müde werden. Sechs Tage Arbeit, so lange gearbeitet, und was für ein Murks! Da muss man ja müde werden. Und ganz zuletzt, am Ende, erschuf er den Menschen, und seither hat er nichts mehr erschaffen. Ein Hinweis darauf, was mit ihm los war: Er hatte die Nase von seiner eigenen Schöpfung so voll, dass er sie abbrach. Er sagte: „Was genug ist, ist genug!"

Der östliche Gott ist dagegen ein andauerndes Erschaffen – ist *leela*, Spiel. So ist es möglich. Lasst eure Bewusstheit ein Spiel sein. Mühelos, entspannt, und dann kann sie immerzu weitergehen, wird sie da sein, geht sie nicht verloren.

Mein Gefühl ist, dass der Fragesteller sich einfach viel zu viel anstrengt. Sonst würde er nicht sagen: „*Ich stelle fest, dass ich immer, wenn ich etwas mehr in meiner Mitte bin und bewusster als sonst, gar keine Probleme habe; aber wenn es damit vorbei ist, sind all die alten Probleme wieder da und kommen mir sogar noch größer vor. Ist das Verdrängung?*" Offenbar muss da etwas dran sein, sonst würden diese Probleme nie wiederkommen. Sobald du irgendein Problem erforscht hast, tief und entspannt, hat es sich endgültig erledigt. Denn alle Wut ist sich gleich. Wenn du dir eine Wutsituation tief angeschaut hast, verstehst du sie für immer. Sie hat sich erledigt, du bist von ihr befreit. Und dann wird all die Energie, die in deiner Wut festsaß, dir gehören; wird all die Energie, die in deiner Gier festsaß, dir gehören. Plötzlich findet man sich als einen unerschöpflichen Energievorrat wieder. Dann kann man tanzen, überfließen vor Freude. Dann ist das Leben kein Dauerleiden mehr, sondern wird zum Genuss. Dann ist das Leben ein Freudenfest.

Westliche Psychologen behaupten, Meditation sei etwas Subjektives und lasse sich daher kaum psychologisch erforschen. Stimmst du zu?

Nein, ich bin anderer Meinung, da sie sich überhaupt nicht erforschen lässt. Du dagegen sagst: „ … *und lasse sich daher kaum psychologisch erforschen.*" Darum bin ich anderer Meinung, man kann das Innere des Menschen, seine Subjektivität, nicht betreten. Man kann sie unmöglich zum Forschungsgegenstand machen. Ihre Erforschung ist absolut unmöglich – nicht einmal auf die Suche ist man gegangen, und da kommst du gleich mit Erforschung!

Der Mensch kann seine Subjektivität nur von innen her erfahren, aber er kann keinen Forscher in sein Inneres bitten, um herauszufinden, wer er ist. Dies ist von Natur aus unmöglich. Und es ist ein großes Glück, dass es unmöglich ist, dass zumindest eure Subjektivität immer privat, immer eure Freiheit ist. Kein Betreten ist möglich! Ja, jemand kann wohl seine Innenwelt studieren, und er kann sich bemühen, in Worte zu fassen, was er in sich selber gefunden hat. Vielleicht gibt dir das eine gewisse Vorstellung von deiner eigenen Subjektivität ... zwar nicht genau gleich, aber irgendeine Ahnung, oder zumindest die Möglichkeit, dass es da irgendein inneres Wesen gibt, das es zu entdecken gilt; eine Ermutigung – nach dem Motto: „Wenn jemand anderes das kann, warum kann ich es nicht auch?" Vielleicht können die Methoden, die jener auf seiner eigenen Reise nach innen benutzte, dir helfen, Methoden zu finden, die zu dir passen. Vielleicht kommen ja dieselben Methoden für dich in Frage, wenn auch hier und da etwas modifiziert, abgeändert?

Aber seit zehntausend Jahren gibt es bereits einhundertzwölf Methoden, wie man nach innen gelangt. Keine einzige Methode lässt sich hinzufügen. Die Wissenschaft der inneren Suche ist vollendet. Ihr braucht euch nur diese hundertundzwölf Methoden anzuschauen ... und meiner Erfahrung nach, und der Erfahrung vieler meiner Leute nach, jubelt in dir sofort etwas auf, wenn du auf die Methode stößt, die zu dir passen wird – so als würde da etwas in deinem Herzen berührt oder ein Glöckchen in deinem Innern angeschlagen.

Du brauchst also nur diese einhundertundzwölf Methoden durchzugehen – und jede Methode wird in zwei Zeilen beschrieben ... geh sie also einfach nur langsam durch und schau, bei welcher Methode es Klick macht. Die probierst du dann aus. Höchstwahrscheinlich wird es deine Methode sein. Solltest du zufällig kein Glück mit ihr haben, dann suche weiter. Irgendeine andere Methode ist vielleicht noch beeindruckender. Aber hier hast du alle Methoden vor dir, die es für die gesamte Menschheit gibt. Und wenn du auf die Methode stößt, die sich für deinen Weg eignet, wird sofort etwas in deinem Innersten hell. Dein Verstand schweigt still, und du weißt … nicht weil irgendeine äußere Autorität, sondern weil dein eigenes pochendes Herz es dir sagt: „Das ist die Methode für mich."

Und sobald du mit der Methode zu arbeiten anfängst, wirst du sehen, wie sehr sie dich entspannt, und wie einfach, glatt … Und mit jedem Schritt wirst du dich geerdeter, verwurzelter fühlen – nicht mehr unecht, nicht mehr amerikanisch, nicht mehr künstlich. Zum ersten Mal wirst du das Gefühl haben: Ich bin echt, authentisch. Und je tiefer du mit der Methode kommst, desto stärker wird das Gefühl der Freude, der Sensibilität.

Liebe, aus keinerlei Grund und zu niemandem insbesonderen, nur ein liebendes Gefühl hüllt dich ein. Und wenn du im innersten Kern deines Seins ankommst, explodiert ein ungeheures Licht und ein nie gekannter Duft.

Die etwas Empfänglicheren mögen sogar bemerken, dass dir etwas Großes widerfahren ist; denn dein Gesicht wird irgendwie an den Ausdruck erinnern, den man von Buddhastatuen kennt. Deine Augen werden zum ersten Mal eine Anziehungskraft haben; deine Gesten werden voll Anmut sein. Dein ganzes Wesen wird Schönheit ausstrahlen und ein Segen für dich und für alle sein. Reift diese Erfahrung vollends aus, wirst du der ganzen Existenz zum Segen gereichen. Es stimmt, dass sich das nicht objektiv erforschen lässt, was aber nicht heißt, dass diese subjektive Welt nicht existiert. Das wäre eine dumme Schlussfolgerung. Das wäre, wie wenn ein Blinder kein Licht sehen kann und daraus den Schluss zieht, dass es kein Licht gibt.

Es gibt Dinge, die sich objektiv erforschen lassen, aber das sind immer nur Dinge – nicht das Leben, nicht die Liebe, nicht das Bewusstsein. Alles Große ist subjektiv. Und es ist eins der größten Missgeschicke der Menschheit, dass die Naturwissenschaftler ständig behaupten, was sich nicht objektiv beweisen lasse, das existiere nicht. Das hieße, dass im Labor Albert Einsteins alles existiert, bis auf Albert Einstein. Wer führt dann aber all diese Experimente durch? Wer beobachtet und forscht da, und wer entdeckt die Elektronen und Protonen und Neutronen? Sie alle existieren, weil sie objektiv sind. Albert Einstein aber existiert nicht, weil sich sein Bewusstsein nicht objektiv nachweisen lässt. Das ist schiere Dummheit. Eure Augen können keine Musik hören, was nicht heißt, dass es keine Musik gibt. Eure Ohren können kein Licht sehen, was aber nicht heißt, dass es kein Licht gibt. Das heißt nur, dass ihr die falschen Mittel einsetzt – Ohren zum Sehen, Augen zum Hören.

Die Methode objektiver Forschung bezieht sich auf Dinge, Materie. Und die Reise ins Innere – weil sie keine Erforschung der Materie ist, sondern des Bewusstseins – bedarf anderer Methoden. Und zwar der Methoden, die ich Meditationen nenne. Die Methoden für die objektive Welt heißen Beobachtung, Experiment. Die Methoden für die subjektive Welt heißen Zeugesein, Erfahren.

Und eine der Grundregeln der Naturwissenschaft lautet, dass alles, was existiert, gemeinsam mit seinem genauen Gegenteil existiert. Das genau Entgegengesetzte ist nicht widersprüchlich, sondern komplementär. Wenn es Liebe gibt, existiert Hass; wenn Schönheit existiert, gibt es Hässlichkeit. Und wenn es eine objektive Wirklichkeit gibt, lässt sich die subjektive Wirklichkeit nicht leugnen. Andernfalls verstößt man gegen die Grundregel der Naturwissenschaft selbst. Die objektive Wirklichkeit bedarf, als genauen Gegensatz, einer subjektiven Wirklichkeit.

Und zweifelsohne sind dieselben Methoden nicht auf beide anwendbar. Verschiedene Methoden sind erforderlich. Mit Hilfe von Meditation kann man weder Atomenergie noch Atomwaffen finden; sonst hätte der Osten all diesen Unsinn schon längst entdeckt. Und ebenso wenig kann man mit Hilfe von objektiver Wissenschaft das wahre Wesen des Menschen entdecken. Und solange ihr nicht das wahre Wesen des Menschen kennt, könnt ihr so reich sein, wie ihr wollt, aber in eurem tiefsten Inneren werdet ihr bettelarm und unglücklich bleiben. Ost und West – der objektive und der subjektive Ansatz – sind je nur die Hälfte. Mir geht es vor allem darum, dass sie eins werden. Es gibt keinen Grund sie zu trennen.

Rudyard Kipling hat behauptet: „*West is West and East is East, and ne'er the twain shall mee*t – West ist West und Ost ist Ost, und nie werden die zwei sich begegnen." Er ist tot, aber manchmal möchte ich ihn aus dem Grab holen und fragen: „Wo bitte ist der Trennstrich zwischen Ost und West?! Sie begegnen sich überall." Man ist, in Bezug auf irgendeinen Ort östlich, und in Bezug auf einen anderen Ort westlich. Und was für ein dummes Zeug ist das – dass „die zwei sich nie vereinen werden"?

Die zwei vereinen sich ständig, egal wo, denn ein und derselbe Punkt kann genauso gut Ost wie West genannt werden. Kalkutta liegt östlich von Mumbai, Mumbai liegt westlich von Kalkutta. Aber Kalkutta liegt wiederum westlich von Rangun, und Rangun liegt östlich von Kalkutta.

Rudyard Kipling war der *poet laureate*, der „lorbeerbekränzte Dichter" des Britischen Reiches. Für mich ist er bloß ein Idiot. Ost und West treffen sich überall, außer im Menschen. Alles wird einfacher … es kommt nur drauf an, wie man's sieht. In Wirklichkeit existiert keine Trennung; sie existiert nur im Kopf.

Und in meinen Leuten ist Schluss mit dieser Trennung. Meine Leute gehören weder zum Osten noch zum Westen. Sie erheben ihren Anspruch auf die ganze Erde; sie erheben Anspruch auf die objektive Wirklichkeit; sie erheben Anspruch auf die subjektive Wirklichkeit.

Als Sinnbild dafür habe ich den neuen Menschen *Zorba the Buddha* genannt – Sorbas den Buddha. Sorbas steht für den materialistischen, objektiven Ansatz. Buddha steht für den subjektiven, spirituellen Ansatz. Geteilt sind sie alle beide arm, ist keiner von beiden ein ganzer Kreis. Zusammen werden sie ungeheuer reich. Zusammengefügt erfahren sie die größte Ekstase, die der Menschheit überhaupt möglich ist.

Du hast einmal gesagt, dass Drogen chemische Träume, halluzinierte Erfahrungen hervorrufen.
Und J. Krishnamurti zufolge sind alle Yoga-Übungen, alle Meditationstechniken genau wie Drogen, führen zu chemischen Veränderungen und entsprechenden Erfahrungen. Wie siehst du das?

Krishnamurti hat recht. Sehr schwer zu verstehen, aber er hat Recht. Alle Erfahrungen kommen durch chemische Veränderung zustande – alle, ohne Ausnahme. Ob du LSD nimmst oder fastest: In beiden Fällen kommt es im Körper zu chemischen Veränderungen. Ob du Marihuana rauchst oder eine bestimmte Atemübung machst, zum Beispiel *pranayama*: In beiden Fällen kommt es im Körper zu chemischen Veränderungen. Versuche, dies zu verstehen. Wenn ihr fastet, was geschieht dann? Euer Körper verliert ein paar Chemikalien, denn die müssen täglich durch die Nahrung geliefert werden. Wenn ihr diese Chemikalien nicht liefert, dann geht die gewöhnliche Ausgewogenheit verloren; und weil Fasten zu Unausgewogenheit führt, könnt ihr anfangen, ein paar Dinge zu spüren. Wenn ihr lange genug fastet, werdet ihr Halluzinationen haben. Wenn ihr einundzwanzig Tage fastet oder länger, könnt ihr nicht mehr beurteilen, ob das Gesehene wirklich ist oder nicht, denn dazu ist eine bestimmte Chemikalie nötig, die jetzt fehlt.

Normalerweise wird, wenn du plötzlich auf der Straße Krishna triffst, dein erster Gedanke sein, dass du offenbar eine Erscheinung hast, eine Illusion, einen Traum. Du wirst dir die Augen reiben und dich umsehen, oder du wirst jemanden fragen: „Komm her, sieh da mal hin. Siehst du auch, dass da einer vor mir steht, der Krishna gleicht?" Aber wenn du einundzwanzig Tage lang fastest, verwischt sich der Unterschied zwischen Wirklichkeit und Traum. Dann glaubst du, wenn da Krishna steht, dass er da ist.

Hast du schon mal kleine Kinder beobachtet? Sie kennen keinen Unterschied zwischen Wirklichkeit und Traum. In der Nacht haben sie von einem Spielzeug geträumt, und am Morgen weinen und schluchzen sie: „Mein Spielzeug ist nicht mehr da!" Jene spezifische Chemikalie, die euch da unterscheiden hilft, muss sich erst noch entwickeln; erst dann wird das Kind den Unterschied zwischen wirklich und unwirklich machen können. Unter Alkoholeinfluss wird diese Chemikalie zerstört.

Mulla Nasruddin belehrt seinen Sohn. Sie sitzen in einer Kneipe, und er erklärt ihm, wann man aufhören muss. Also sagt er: „Schau mal dort in die Ecke. Wenn du anfängst, dort vier Leute zu sehen statt zwei, dann weißt du, dass es Zeit ist, nichts mehr zu trinken und heimzugehen."

Doch was antwortet der Sohn? „Papa, da sitzen aber gar nicht zwei Leute, da sitzt nur einer!"

Wenn ihr Alkohol trinkt, wozu führt das? Zu einer chemischen Veränderung. Wenn ihr LSD nehmt, was geschieht? – oder Marihuana oder dergleichen? Irgendeine chemische Veränderung, und ihr seht plötzlich Dinge, die ihr noch nie gesehen habt. Ihr empfindet alles Mögliche; ihr werdet sehr empfänglich. Und das ist das Problem: Man kann einen Süchtigen nicht dazu bringen, seine Drogen aufzugeben, weil die wirkliche Wirklichkeit ihm zu platt, zu langweilig ist. Wenn er einmal die Wirklichkeit durch die Brille seiner Chemikalien, chemischer Veränderungen gesehen hat ... Die Bäume waren grüner und die Blumen dufteten stärker, weil er projizieren konnte, weil er eine illusorische Welt erzeugen konnte. Und jetzt befiehlt man ihm: „Schluss! Deine Kinder leiden, deine Frau leidet, dein Job ist im Eimer – Hör auf!" Aber er kann nicht aufhören, weil er eine zwar unwirkliche, aber schöne Welt erblickt hat. Wenn er jetzt aufhört, scheint die Welt zu grob, zu gewöhnlich zu sein. Die Bäume sind nicht so grün und die Blumen duften nicht mehr so schön; selbst seine Frau – um derentwillen ihr ihn zu überreden versucht – kommt ihm so gewöhnlich, so tot, so verlebt vor. Wenn er unter Drogeneinfluss steht, gleicht seine eigene Frau einer Kleopatra, der schönsten Frau der Welt! Er führt ein Traumleben.

Alle Erfahrungen sind chemisch – ausnahmslos. Wenn du tief durchatmest, erzeugst du damit im Körper sehr viel Sauerstoff; der Stickstoffgehalt sinkt. Mehr Sauerstoff verändert die innere Chemie. Du beginnst, ungeahnte Dinge zu spüren. Wenn du dich um die eigene Achse drehst wie in den Tänzen der Derwische, schnell wirbelst, verändert sich der Körper: Das Wirbeln verändert die Chemie. Dir schwindelt; eine neue Welt tut sich auf ... alle Erfahrungen sind chemisch.

Wenn du hungrig bist, sieht die Welt anders aus. Wenn du befriedigt bist, gesättigt, sieht die Welt anders aus. Ein Armer hat eine andere Welt als ein Reicher. Ihre Chemie unterscheidet sich. Ein intelligenter Mensch hat eine andere Welt als ein dummer Mensch. Ihre Chemie unterscheidet sich. Eine Frau hat eine andere Welt als ein Mann. Ihre Chemie unterscheidet sich.

Wenn man geschlechtsreif wird, so um die vierzehn oder fünfzehn, entsteht eine andere Welt, weil im Blut jetzt neue Chemikalien kreisen. Wenn ihr einem siebenjährigen Kind etwas von Sex und sexuellem Orgasmus erzählt, wird es glauben, dass ihr spinnt: „Was erzählst du mir da für Quatsch?" – denn in seinem Blut kreisen jene Chemikalien, jene Hormone noch nicht. Aber im Alter von vierzehn, fünfzehn füllen sich die Augen mit neuen Chemikalien – plötzlich ist eine gewöhnliche Frau verwandelt.

Mulla Nasruddin fuhr in den Ferien immer in die Berge. Diesmal sollten es fünfzehn Tage werden, aber am zehnten ist er bereits zurück.

Der Chef fragte ihn: „Was ist denn los? Sie wollten fünfzehn Tage Urlaub und sind schon fünf Tage früher wieder da? Und das letzte Mal wollten Sie zwei Wochen Urlaub nehmen und kamen erst nach vier Wochen wieder. Was ist nur los?“

Mulla Nasruddin sagte: „Dahinter steckt eine gewisse Mathematik. In den Bergen habe ich einen Bungalow, und um den kümmert sich eine potthässliche Alte. Und meine Faustregel ist: Sobald ich in dieser alten Hexe eine schöne Frau sehe, wird's Zeit zu gehen. Manchmal bin ich nach acht Tagen, manchmal nach zehn Tagen reif ... Sie ist wirklich hässlich! Man kann sie unmöglich für schön halten. Aber sobald ich mich dabei ertappe, an sie zu denken und sie in meinen Träumen auftaucht, dann weiß ich, dass es Zeit ist, wieder heimzufahren, sonst droht Gefahr. Man weiß ja nie. Wenn's mir gut geht, dann kommt's eher, binnen sieben Tagen. Wenn ich nicht so gut drauf bin, nach zwei Wochen. Und wenn ich ganz schwach bin, dann dauert es drei Wochen. Es kommt auf die Chemie an.“

Alle Erfahrungen sind chemisch, aber einen Unterschied gibt es doch. Es gibt zwei Möglichkeiten. Die eine ist: Man kann die Chemikalien einnehmen – also schlucken, spritzen oder rauchen. Sie kommen von außen; sie sind Eindringlinge. So machen es alle Drogenabhängigen rund um die Welt. Und die andere ist: Man kann den Körper verändern – durch Fasten oder Atmen ... So machen es seit jeher alle orientalischen Yogis. Beide wollen dasselbe; der Unterschied ist winzig. Er besteht darin, dass die Drogenleute sich von außen in die Biochemie des Körpers einmischen, und die Yogis versuchen, das Gleichgewicht des eigenen Körpers zu verändern, ohne sich von außen einzumischen. Aber wenn du mich fragst, ist beides dasselbe.

Wenn es dich zu Erfahrungen drängt, empfehle ich dir den Weg der Yogis; denn dann wirst du nicht abhängig, wirst du weniger abhängig sein. Und dann wirst du niemals süchtig werden, und dann wird dein Körper seine Reinheit, seine organische Einheit bewahren. Und auf die Art kommst du wenigstens nicht mit dem Gesetz in Konflikt – sind Polizeifahndungen ausgeschlossen. Und auf die Art kannst du ohne Weiteres transzendieren. Und darauf kommt es ja schließlich an …

Wenn du Chemikalien einnimmst, wirst du sie nie wieder los. Und dann wird das Transzendieren immer schwieriger, ja mit jedem Tag schwieriger werden. Tatsächlich werdet ihr immer abhängiger werden, so abhängig, dass alles Leben und aller Zauber des Lebens verloren gehen wird, und euer ganzes Leben nur noch aus der Drogenerfahrung bestehen, sich nur noch darum drehen wird.

Wenn du den Weg des Yoga wählst, die innere Veränderung der Körperchemie, wirst du nie abhängig sein, und dann wirst du transzendieren können. Denn Sinn und Zweck jeglicher Religion ist es, Erfahrungen hinter sich zu lassen. Ob ihr durch LSD herrliche Farben erfahrt – Regenbögen um euch herum – oder durch Yoga-Übungen den Himmel erfahrt, macht das im Grunde keinen Unterschied. Denn bevor ihr nicht alle Erfahrungen, alle objektiven Erfahrungen hinter euch lasst, bevor ihr nicht an den Punkt gelangt, wo nur noch der Zeuge zurückbleibt und es keine Erfahrung mehr zu erfahren gibt, habt ihr noch nicht an die Grenze des Religiösen gerührt. Krishnamurti hat recht, aber die Leute, die ihm lauschen, missverstehen ihn. Im Glauben, dass alle Erfahrungen nichts bringen, sind sie banal geblieben, haben sie sich überhaupt keine Mühe gemacht.

Ich weiß, dass alle Erfahrungen nichts bringen, dass man sie letztlich hinter sich lassen muss, aber bevor ihr sie aufgebt, werdet ihr sie gehabt haben müssen. Sie sind wie die Treppe: Man muss Stufe um Stufe hinter sich lassen, sonst gelangt man nicht hinauf. Man darf sie erst verlassen, wenn man sie hinaufgestiegen ist. Alle Erfahrungen sind kindisch, aber man muss sie durchmachen, um reif zu werden.

Die wirkliche religiöse Erfahrung ist überhaupt keine. Religiöse Erfahrung ist keine Erfahrung. Sie besteht darin, zum Erfahrenden zu gelangen, wo sich alles – ob bekannt oder nicht, erkennbar oder nicht – auflöst. Wo nur noch das Selbst, der Zeuge dableibt ... nur noch reines Bewusstsein, das keine Erfahrung mehr trüben kann, wo euch kein Jesus, wo euch kein Buddha, wo euch kein Krishna in Empfang nimmt. Deswegen sagen die Zen-Meister: „Triffst du Buddha auf dem Wege, töte ihn sofort!", sagen die Buddha-Anhänger: „Triffst du Buddha auf dem Wege, töte ihn sofort!" Ein toller Lehrsatz, hmmm? ... denn Buddha ist dermaßen schön, dass du versucht sein könntest zu träumen, und dann mit geschlossenen Augen weitergehen könntest, wie gebannt auf Buddha blickend oder auf den Flöte spielenden Krishna. Du magst einen hochreligiösen Traum haben, aber es ist dennoch ein Traum, nicht die Wirklichkeit.

Die Wirklichkeit ist dein Bewusstsein. Alles andere gilt es zu transzendieren. Wenn es dir gelingt, dir das zu merken, dann musst du alle Erfahrungen durchmachen – aber wie gesagt durchmachen. Wenn ihr zu sehr auf Erfahrungen erpicht seid – wie es jeder ist, das gehört zum Wachstum dazu – dann sind die Yoga-Übungen den Drogen vorzuziehen. Yoga-Übungen sind subtiler, verfeinerter. Ihr müsst euch der Tatsache bewusst sein, dass Indien mit allen Drogen experimentiert hat.

Amerika ist in jener Welt noch ein Grünschnabel. Vom *somarasa* im Rig-Veda bis hin zum *ganja*, hat Indien alles ausprobiert und ist zu der Erkenntnis gelangt, dass man damit nur seine Zeit verschwendet. Dann hat Indien es mit Yogaübungen versucht. Dann sind – viele Male – Personen wie Buddha oder Mahavir an einen Punkt gekommen, wo sie herausfanden, dass selbst Yoga-Übungen nutzlos sind und man sie aufgeben muss.

Krishnamurti sagt damit nichts Neues – es ist die Erfahrung aller Buddhas. Aber man darf nicht vergessen, dass eine Erfahrung erst dadurch zu einer Erfahrung wird, dass man sie erlangt. Niemand kann sie einem geben, man kann sie nicht borgen. Wenn du noch kindisch genug bist, um zu glauben, Erfahrungen machen zu müssen, ist es besser, du machst sie durch Yoga-Übungen. Aber letztlich muss man auch das aufgeben. Aber wenn du dich zwischen LSD und *pranayama* entscheiden musst, ist es besser, *pranayama* zu wählen. Du wirst weniger abhängig sein und du wirst mehr dahingehend unterstützt werden, zu transzendieren, da sich deine Bewusstheit nicht darin verlieren kann.

Wähle immer das Höhere.

Wann immer es sich so ergibt, dass du wählen kannst, wähle das Höhere. Und irgendwann ist es soweit, dass du gar nichts mehr wählen möchtest … dann hast du alles Wählen hinter dir.

Während ich gestern in Zazen saß, hatte ich das Gefühl, jemand schlüge mir mit einem Stock auf den Kopf. Aber kein Mensch hat mich in dem Moment geschlagen. Und heute wurde ich während deines Diskurses wieder zweimal auf den Kopf geschlagen, ohne dass jemand mit einem Stock zu sehen war. Ist das zauberlose Zauberei?

Das ist pure Einbildung, und auf dem Pfad der Meditation ist Einbildung die größte Falle. Hüte dich vor ihr. Man kann sich so tief etwas einbilden und man kann so fest an seine Einbildung glauben, dass es einem wirklicher als die Wirklichkeit erscheint.

Fantasie ist eine große Kraft. Auf dem Weg der Meditation aber ist Fantasie ein Hindernis; auf dem Weg der Liebe ist Fantasie eine Hilfe. Auf dem Weg der Liebe wird Fantasie als Hilfsmittel genutzt: Man wird aufgefordert, seine Fantasie so intensiv und leidenschaftlich wie möglich einzusetzen. Aber auf dem Weg der Meditation wird genau dasselbe zum Hindernis.

Fantasie heißt einfach, dass man sich etwas Bestimmtes vorstellt, aber so viel Energie hineinsteckt, dass es nahezu wirklich wird. Wir alle träumen jede Nacht. Und während wir träumen, erscheint uns jeder Traum wirklich. Wenn man während des Träumens erkennt, dass dies ein Traum ist, bricht dieser sofort ab; dann erwacht man sofort. Der Traum kann nur dann weitergehen, wenn man ihn für wirklich hält. Und selbst die sehr skeptischen, zweifelnden Menschen mit der wissenschaftlichen Einstellung, selbst sie fangen nachts an zu glauben: Sie glauben durchweg an ihre Träume. Morgens stellt man dann fest, dass es nur Einbildung war, aber jede Nacht fällt man dem wieder zum Opfer. Und kaum hat sich der Traum entfaltet, beginnt man dran zu glauben.

Auf dem Weg der Meditation muss man die Macht dieser Traumfabrik auflösen. Gurdjieff pflegte zu seinen Schülern zu sagen: „Erst wenn du dich beim Träumen daran erinnern kannst, dass dies ein Traum ist, wirst du aufwachen können." Diese ganze Welt ist ein Traum – ein Traum ist eine Privatwelt, die Welt aber ist ein Traum, der allen gemeinsam ist. Wenn du nicht wach sein kannst, während du träumst, wirst du unmöglich im Wachen wach sein können – denn dann ist der Traum riesig, und er wird nicht nur durch deine Energie erzeugt, sondern durch die Energie aller. Es wird schwer sein: Wie sollst du erkennen, dass mit deinem Traum etwas nicht stimmt, wenn du das selber entscheiden sollst und niemand sonst sich einmischen kann ...?

Es geht niemanden sonst etwas an. Du kannst niemanden in deinen Traum einladen, da er so privat ist. Ein Traum ist eine abgeriegelte Eigenwelt. Du kannst keinen anderen in deinen Traum bitten, du kannst keinen anderen fragen, was er von deinem Traum hält – ob er wahr ist oder nicht. Es kommt völlig auf dich an. Und wenn du nicht einmal im eigenen Traum wach werden kannst, wie kannst du dann in der großen *maya*, der großen Illusion, die die Welt ist, wach werden?

Daher sagte Gurdjieff immer, man müsse sich zunächst darum bemühen, im Traum wach zu werden und seinen Traum als Traum zu erkennen. Er kannte ein paar Techniken, wie man sich aus einem Traum wecken kann. Er riet seinen Schülern z.B., sich jeden Abend vor dem Einschlafen so tief und leidenschaftlich wie möglich einzuschärfen: „Dieses Mal werde ich, sobald ich zu träumen beginne, die Hand heben und meine Stirn berühren. Und sobald das geschieht, wird es mir wieder einfallen, dass das nur ein Traum ist.“ Über Monate hin hatten seine Schüler diese Autosuggestion zu üben. Abend für Abend sagten sie es sich dann mit wahrer Leidenschaft vor, damit es bis in die tiefsten Schichten ihres Unbewussten eindrang.

Wenn es tiefer geht als der Traum, dann ist es eines Tages so weit: Während er träumt, hebt sich automatisch seine Hand zum Kopf und der Träumer erinnert sich plötzlich, dass dies ein Traum ist. Aber sobald er sich daran erinnert, zieht sich der Traum einfach zurück und verblasst. Während des Schlafs ist er wach, und der Traum hat ihn verlassen. Wenn es passiert, dass du in einem Traum erwachst, hat sich am Morgen die ganze Welt verändert. Sie ist nicht mehr dieselbe Welt, denn deine Augen sind klar, du bist zu einer gewissen Klarheit der Wahrnehmung gelangt. Jetzt können Träume dich nicht mehr täuschen, jetzt siehst du alles so, wie es ist. Du projizierst nicht mehr.

Hüte dich vor der Einbildung. Du würdest gern von mir hören: Ja, das war ich. Es wäre für dich ein erhebendes Gefühl, wenn ich dir einen Schlag auf den Kopf gegeben hätte. Die Leute glauben gern an Wunder; folglich passieren auch welche, denn die Leute glauben gern dran. An ihre Träume zu glauben macht die Leute glücklich; sie legen viel Wert auf ihre Träume. Somit habt ihr über viele, viele Leben hinweg in einer Traumwelt gelebt. Ich werde in keiner Weise mit dir kooperieren. Es war pure Einbildung, du hast es dir eingebildet. Jetzt möchtest du es auch von mir bestätigt haben.

Ich habe gehört: Der Rabbi von Chelm fühlte sich bei der Vorbereitung seiner Predigt von Kindern gestört, und um sie zu verscheuchen, brüllte er aus dem Fenster: „Kinder, unten am Fluss schwimmt ein schreckliches Monster. Es speit Feuer und ist ein grässlicher Drachen!"

Die Kinder rennen davon, um das Spektakel zu sehen, gefolgt von anderen, bis sich eine Masse bildet. Als der Rabbi den Menschenauflauf sieht, ruft er: „Wohin wollt ihr denn alle?"

„Runter zum Fluss! Dort ist ein feuerspeiendes Monster, ein grässlicher grüner Drache!"

Der Rabbi läuft hinterher. „Ich hab's zwar selber erfunden", denkt er außer Atem, „aber man kann nie wissen."

Man mag etwas frei erfunden haben, aber wenn andere anfangen, es zu glauben, fängt man an, es selber zu glauben. Es war also deine Einbildung. Sage ich nun: „Ja, so war es", dann wirst du plötzlich dran glauben und wirst denken, du hättest es von mir. Dabei wolltest du nur deinen eigenen Traum von mir bestätigt wissen. Der Verstand ist ein großer Lügner und belügt dich andauernd. Hüte dich vor den Tricks des Verstandes.

Ein kleines Mädchen, das immer log, bekam einen Bernhardiner geschenkt. Damit ging es spazieren und erzählte allen Nachbarn, man habe ihm einen Löwen geschenkt. Die Mutter rief sie zu sich und sagte: „Ich hab dir verboten zu lügen. Geh in dein Zimmer und entschuldige dich beim lieben Gott. Versprich ihm, dass du nie wieder lügen wirst." Das Kind ging nach oben, tat wie geheißen und kam wieder runter.

Ihre Mutter fragte: „Nun, hast du dich beim lieben Gott entschuldigt?

Das kleine Mädchen sagte: „Ja, hab ich. Und er hat gesagt, dass er selber manchmal den Unterschied zwischen meinem Hund und einem Löwen nicht erkennt."

Tja, so ist das nun mal. Aber ich werde dich in keiner Weise unterstützen, denn jeder Anflug einer Unterstützung wäre schädlich für dich. Auf dem Weg der Meditation, auf dem Weg des Zen ist alle Einbildung zu vermeiden. Man muss sie ignorieren. Und je näher man der Meditation kommt, desto mehr wird sie einen ablenken wollen. Das ist nichts Neues, so ist es seit jeher gewesen.

Allen großen Meditierern ist es genauso ergangen. Buddha wird von Mara, dem Gott der Teufel versucht. Jesus wird vom Teufel versucht. Die Sufi-Mystiker werden vom Satan versucht. Es gibt keinen Satan, keinen Mara, keinen Teufel – der wahre Teufel sitzt in deinem Verstand und heißt Einbildung.

Es gibt Geschichten von hinduistischen Sehern, dass sie, wenn sie die letzte Schwelle ihrer Meditation erreichen, von Indra abgelenkt werden. Er schickt ihnen *apsaras*, wunderschöne Mädchen, um sie zu versuchen. Aber wer will schon diese armen Heiligen in Versuchung führen? Wozu? Sie tun keinem etwas zuleide. Sie haben der Welt entsagt, sie sitzen unter ihrem Baum oder in ihrer Höhle im Himalaja, wozu schöne Mädchen zu ihnen schicken? Niemand schickt irgendwen. Eine solche Instanz gibt es nicht. Da spielt nur die Einbildung ihre letzten Trümpfe aus, und je tiefer deine Meditation geht, desto tiefere Einbildungsschichten fühlen sich herausgefordert.

Gewöhnlich lebt ihr, wenn Meditation keine Rolle spielt, geistig an der Oberfläche. Natürlich ist dann auch eure Einbildung nur oberflächlich. Je tiefer ihr in Meditation geht, desto tiefere Schichten der Einbildung werden offenbar – sie werden immer realer wirken. Sie werden so real wirken, dass ihr nicht entfernt daran denkt, sie könnten Einbildung sein.

Jetzt könnt ihr sogar Beweise erbringen, dass sie nicht eingebildet sind. Zum Beispiel hat dieser Mann, der zweimal geschlagen wurde, sogar die Spuren davon auf seinem Kopf vorzuweisen. „Bitte sehr!", wird er sagen, „wie kann ich mir das eingebildet haben? Wenn mich niemand geschlagen hat, wo kommen dann diese Spuren her?"

Dann erkundigt euch mal bei Leuten, die etwas von Hypnose verstehen. In tiefer Hypnose suggeriert der Hypnotiseur dir, dass er deine Hand ins Feuer hält – was er aber nicht tut! Doch deine Hand wird verbrannt. Wie ist das zu erklären? Nur dadurch, was für eine Macht Einbildungskraft hat. Selbst der Körper steht unter ihrer Macht. Wenn du dich also für schön hältst, wirst du schön werden. Wenn du dich für hässlich hältst, wirst du hässlich werden. Deine Einbildungskraft wird deinen Körper formen.

Darum gibt es Leute, die barfuss über glühende Kohlen laufen. Wenn du dir zutiefst einbildest, dass du dadurch nicht verbrannt wirst und Gott dich beschützt, verbrennst du dich nicht. Dann kannst du über einen Haufen glühender Kohlen laufen, ohne dich zu verbrennen. Aber sobald sich der kleinste Zweifel regt, hast du dich schon verbrannt. Denn schon das bisschen Zweifel macht deine Einbildung durchlässig. Dann versiegelt und schützt deine Einbildung dich nicht mehr.

Je tiefer ihr also in Meditation geht, desto tiefer die Spielchen eurer Einbildungskraft. Manchmal produziert sie apsaras, himmlische Mädchen, die euch tanzend locken, verführen wollen. Manchmal sind es gewaltige, Feuer speiende Monster. Oder sie wickelt euch in irgendwelche Einbildungen ein. Und wenn ihr euch darin verstrickt und auch nur einen Moment langt vergesst, dass es Einbildung ist, dann hat eure Einbildung die Tiefe eurer Meditation zunichte gemacht, werdet ihr wieder an die Oberfläche zurückgeschleudert. Dann werdet ihr den Weg wieder finden müssen. Wenn du also in *Zazen* sitzt, wie es in deiner Frage heißt, dann vergiss das nicht.

Aber dies ist ein gutes Zeichen: Dass du dir etwas so tief einbilden kannst, beweist, dass deine Meditation tief geht. Je tiefer die Meditation, desto tiefer die Einbildung. Erst ganz am Schluss siegt die Meditation. Bis zum Schluss ringen Einbildung und Meditation ständig miteinander weiter. Und manchmal ist die Einbildung dermaßen schön ... Dagegen ist deine Einbildung, zweimal geschlagen worden zu sein, weniger schön! Trotzdem möchtest du es glauben, denn der bloße Gedanke, dass dir plötzlich Wunder geschähen, der bloße Gedanke, dass dein Meister hart an dir arbeite, der bloße Gedanke, dass er dich wachrütteln wolle und dir auf den Kopf schlage, wenn du einschläfst, befriedigt dein Ego sehr. Es gibt viele schöne Fantasien – die bleiben nicht aus. Blumen werden auf dich regnen und du kannst sie geradezu riechen. Durchaus möglich, dass du dir zutiefst vorstellst, dass Rosen auf dich fallen und du sie riechen kannst. Das geht ja noch ... aber ein anderer, der an dir vorbei kommt, könnte deine Rosen riechen! Dann wird es überwältigend machtvoll!

Das heißt, dass deine Einbildungskraft nicht nur passiv ist, sondern aktiv geworden ist. Durch bloße Einbildungskraft erzeugst du einen gewissen Duft in deinem Körper … Dein Körper hat alles, was die Erde hat. Die Erde bringt die Rose hervor. Wenn kein Rosenstrauch da ist, sind die Rosen in der Erde nicht zu riechen, ist kein Duft da. Aber wenn du einen Rosenstrauch einpflanzt, dann blüht er irgendwann auf und der Duft ist da. Der Duft hat in der Erde gesteckt und der Strauch hat ihm dazu verholfen, sich zum Ausdruck zu bringen. Dein Körper ist die Erde, er enthält alles, was in der Erde steckt. Wenn du eine gewaltige Einbildungskraft hast, wirst nicht nur du, sondern werden auch andere die Rose riechen können. Und dennoch ist es nur Einbildung. Deine Einbildung hat nur die Rolle des Rosenstrauchs übernommen und geholfen, etwas, das in dir verborgen lag, zum Ausdruck zu bringen.

Der Mensch ist Erde. Das Wort *human*, menschlich, kommt von *humus* – Erde. Das hebräische Wort Adam entstammt der hebräischen Wurzel für Erde. Wir sind aus Erde gemacht, wir sind Miniatur-Erden. In uns steckt alles, was in der Erde verborgen liegt … Wir haben genau dasselbe Potenzial. Mithilfe von Einbildungskraft verwirklicht sich euer Potenzial.

Aber auf dem Weg der Meditation muss man sogar solch schöne Erfahrungen vermeiden. Denn sobald ihr euch auf sie einlasst, geratet ihr in den Verstand; dabei geht es ja gerade darum, dem Verstand zu entrinnen, den Verstand loszuwerden. Sobald der Verstand nicht mehr da ist, habt ihr euch vollständig vom Körper gelöst – der Verstand ist die Brücke, der Verstand verbindet euch mit dem Körper. Kaum seid ihr ihm entronnen, ist der Körper, die Erde hie, und bist du, der Himmel, da … Zwei völlig separate Wesenheiten. Dann bist du nur noch ein Zeuge. Sollte sich das also wiederholen – diese „magielose Magie" – und du fühlst dich auf den Kopf geschlagen, dann kümmere dich nicht um den Schlag, sondern bleib einfach bewusst. Beobachte einfach. Egal, ob es wahr ist oder nicht, bleib Zeuge. Bleib einfach nur ein Beobachter, lass dich nicht darauf ein, und bald wird es aufhören. Und sobald du die Technik erlernt hast, wie man die Spiele der Einbildung lässt, wird sich das für dich als ein gewaltiger Segen erweisen.

Denn je mehr du in Meditation gehst, dich auf die Meditation einlässt, desto mehr Einbildung wird kommen, werden immer stärkere Wellen der Einbildung dein Dasein durchfluten – du aber musst bewusst und hellwach bleiben.

Wenn dir das schwer fällt, unmöglich für dich ist, dann kommt der Weg der Meditation nicht für dich infrage. Dann ist der Weg der Liebe, der Weg des *bhakti* und der Hingabe für dich der richtige … wo man die Einbildung nicht meidet, sondern nutzt. Aber dann schlag dir *Zazen* aus dem Kopf, dann ist das nichts für dich. Dann schlag dir Buddha oder Mahavir ganz aus dem Kopf – dieser Weg ist nichts für dich. Dann geh in die Welt Meeras, Chaitanyas, Mohammeds. Dann geh in die Welt der Hingabe.

Denk daran: Es gibt Dinge, die auf dem einen Weg eine Hilfe sein können, aber auf einem anderen Weg zum Hindernis werden. Zum Beispiel … Eisenbahnschienen, auf denen die Züge fahren, sind eine Hilfe; ohne sie werden die Züge nicht fahren. Aber wenn man hergeht und auf ihnen Auto fahren will, wird man's schwer haben. Für Züge sind sie eine Hilfe, aber für Autos können sie keine Hilfe sein. Autos brauchen mehr Spielraum, mehr Freiheit.

Merkt euch also: Was auf dem einen Weg ein Hindernis ist, braucht auf einem anderen Weg keines zu sein. Aber wenn du dich für *Zazen* entscheidest …

Ich denke, dass der Fragesteller vom Weg des *Zazen* enorm profitieren kann; denn so viel Einbildung, dass er das für wahr halten konnte, beweist einfach nur, dass sein Sitzen Früchte trägt: Er entspannt sich gerade in tiefere Bewusstseinsschichten hinein.

Ich hab zuviel sexuelle Energie, sie lodert in meinem Körper. Wenn ich tanze, ist mir manchmal danach, die ganze Welt umzubringen und es gibt Augenblicke, wo so viel Wut und Gewalt in meinem Körper kocht, dass ich es nicht schaffe, die Energie in Meditationstechniken umzuleiten. Das treibt mich noch zum Wahnsinn. Ich hab keine Lust auf Sex, aber die gewaltsame Energie brennt immerzu wie vulkanisches Feuer. Ich halt's nicht aus. Erkläre mir bitte, wie ich für diese Energie ein kreatives Ventil finden kann.

Das Problem wird durch deinen Verstand kreiert, nicht durch deine Energie. Hör auf die Energie. Sie weist in die richtige Richtung. Das Problem entstammt nicht der sexuellen Energie – die hat den Tieren, den Bäumen, den Vögeln noch nie Probleme gemacht. Die Energie macht dir Probleme, weil dein Verstand eine verkehrte Einstellung zu ihr hat.

Die Frage kommt von einer Inderin. In Indien ist die gesamte Erziehung gegen den Sex. Dann erzeugst du das Problem. Und dann wird, sobald sich Energie in dir regt, deine Sexualität erwachen; denn etwas in dir ist unfertig. Etwas Unerfülltes liegt stets auf der Lauer und wird deine Energie an sich reißen, ausbeuten.

Bei den dynamischen Meditationsmethoden entsteht sehr viel Energie. Viele verborgene Quellen werden angezapft und neue Quellen tun sich auf. Wenn der Sex eine unerfüllte Begierde geblieben ist, dann wird diese Energie in Richtung Sex fließen. Dann wirst du, wenn du meditierst, immer sexueller werden.

Lasst mich euch etwas verraten, was in Indien geschehen ist. Die Jaina-Mönche haben das Meditieren wegen der sexuellen Energie völlig eingestellt. Sie ließen das Meditieren ganz sein, da sie den Sex so sehr unterdrückten, dass jedes Mal, wenn sie meditierten, diese Energie aufstieg. Meditation schenkt euch eine enorme Energie; sie ist eine Quelle ewiger Energie – unerschöpflich. Wann immer also Energie aufstieg, fühlten sie sich sexuell. Sie hatten Angst vor Meditationen. Sie stellten sie ein. Das Allerwesentlichste, was Mahavir ihnen gegeben hatte, gaben sie auf, und mit dem Unwesentlichen – dem Fasten und den Ritualen – machten sie weiter; das passt zu einer antisexuellen Haltung.

Ich bin nicht antisexuell, weil ich nicht lebensfeindlich bin. Dort, wo du es vermutest, hast du also gar kein Problem. Das Problem liegt im Kopf, nicht in den Hormondrüsen. Du wirst deine Einstellung ändern müssen; andernfalls wird alles, was du tust, von deiner Sexualität gefärbt sein. Dann meditierst du, und es wird sexuell werden; dann siehst du jemanden an, und deine Blicke werden sexuell werden; dann isst du etwas, und du wirst es sexuell tun.

Wer den Sex leugnet, fängt an, mehr zu essen. Ihr könnt das im Leben beobachten. Unverklemmte, sexuell unverklemmte Menschen werden nicht sehr fett sein, sie werden nicht zu viel essen. Liebe befriedigt sie so, Liebe erfüllt sie so, dass sie ihren Körper nicht mit Nahrung vollzustopfen brauchen. Nur wenn sie nicht lieben können oder wenn sie sich weigern, sich auf die Liebe einzulassen, fangen sie an, zu viel zu essen. Das wird zur Ersatzhandlung.

Geht und schaut euch hinduistische Mönche an. Sie sammeln ständig unnötiges Fett an. Sie werden hässlich. Das ist das andere Extrem. Das eine Extrem sind die Jaina-Mönche, die nicht essen können, weil sie befürchten, durch Essen Energie zu verlieren und dass die Energie dem unerfüllten Verlangen zugute kommt, das auf sie wartet.

Erst geht sie zu dem unerfüllten Verlangen, das noch in der Luft hängt – das hat es am nötigsten, also fließt die Energie dorthin. Der Körper folgt einer gewissen Ökonomie: Was immer die Energie am meisten benötigt, hat Vorrang – also fließt die Energie dorthin. Es gibt eine Hierarchie der Bedürfnisse. Jemand der seit jeher den Sex leugnet, hat seine Prioritäten – der Sex ist zu allererst dran, und sobald Energie zur Verfügung steht, wird sie dem am wenigsten erfüllten Verlangen zustreben. Darum können sich Jaina-Mönche vor lauter Angst nicht satt essen, und essen hinduistische Mönche zu viel. Das Problem ist dasselbe, aber sie haben genau entgegengesetzte Lösungen dafür gefunden.

Wenn du zu viel isst, ziehst du ein gewisses sexuelles Vergnügen aus dem Essen, indem du deinen Bauch zu sehr füllst. Zu viel Nahrung führt zu Trägheit. Und zu viel Nahrung ist immer ein Ersatz für Liebe; denn das allererste, womit der Säugling in Berührung kommt, ist die Mutterbrust. Die Brust ist die erste Erfahrung in der Welt, und die

Brust schenkt dem Kind zwei Dinge: Liebe und Nahrung. Somit sind Liebe und Nahrung tief miteinander verwoben.

Wann immer es an Liebe fehlt, wird dein kindischer Verstand denken: „Iss einfach mehr, hol dir's woanders." Habt ihr das nie beobachtet? Wenn ihr euch voller Liebe fühlt, braucht ihr nicht viel zu essen, habt ihr nicht so viel Appetit. Aber wann immer es an Liebe fehlt, fangt ihr an, zu viel zu essen, wisst ihr nicht, was ihr nun anfangen sollt. Die Liebe hatte einen bestimmten Raum in euch ausgefüllt; nun aber ist dieser Raum leer, und ihr wisst ihn nicht anders zu füllen als durch Essen. Deine Probleme rühren daher, dass du dich der Natur verweigerst, dass du die Natur abweist.

Darum möchte ich der Fragestellerin sagen, dass ihre Frage nichts mit Meditation zu tun hat. Du brauchst einen Geliebten. Und du brauchst Mut, um dich darauf einzulassen. Es ist schwer, sich auf Liebe einzulassen – in ihr lauern sehr versteckte Gefahren. Nichts macht so viel Angst wie die Liebe, denn sobald du anfängst, dich dem anderen zu nähern, musst du aus dir herausgehen. Und wer weiß? Vielleicht nimmt der andere dich an, vielleicht aber stößt er dich zurück? Das ist die Angst. Man wird zögerlich ... „Soll ich den Schritt machen oder nicht? Soll ich mich dem anderen nähern oder nicht?" Folglich haben sich auf der ganzen Welt die feigen Zeitalter der Vergangenheit für die Ehe entschieden statt für die Liebe; denn wären die Menschen auf Liebe angewiesen, würden nur die wenigsten lieben können. Die meisten würden ohne Liebe sterben; sie würden leben und sich ohne Liebe durchs Leben schleppen.

Denn Liebe ist gefährlich ... Sobald du auf jemand anderen zugehst, riskierst du eine Kollision mit einer anderen Welt. Wer weiß, ob dein Annäherungsversuch auf Gegenliebe oder Ablehnung stößt? Woher willst du wissen, ob der andere zu deinem Bedürfnis und deinem Wunsch Ja sagen wird? Ob der andere sich als mitfühlend, liebevoll erweisen wird? Wie sollst du das wissen? Er könnte dich abweisen.

Er könnte Nein sagen. Du magst zwar sagen: „Ich liebe dich!", aber welche Garantie hast du, dass er ebenfalls Liebe für dich empfinden wird? Vielleicht ja nicht. Er muss es nicht unbedingt. Die Angst vor Ablehnung kann sehr erschüttern. Also gehen schlaue und gerissene Leute erst gar nicht aus sich heraus: „Halte dich bedeckt, dann hat dich zumindest niemand abgewiesen!" Und dann kannst du dein Ego mit der Vorstellung schmücken, dass dich keiner je abgewiesen habe – obwohl dieses Ego auf die Dauer ohnmächtig ist und nicht genügt, um dich zu erfüllen.

Du brauchst es, gebraucht zu werden; du brauchst es, dass jemand dich akzeptiert; du brauchst jemanden, der dich liebt, denn erst wenn dich ein anderer liebt, wirst du dich selber lieben können, nicht eher. Wenn jemand dich annimmt, wirst du dich selber annehmen können, nicht eher.

Wenn jemand anders glücklich mit dir ist, wirst du anfangen, glücklich mit dir selber zu sein, nicht eher. Der andere wird zu einem Spiegel. Jede Beziehung ist ein Spiegel. Er spiegelt dich wieder. Wie könntest du dich ohne Spiegel selber erkennen? Völlig unmöglich. Die Augen des anderen werden wie Spiegel sein, und wenn jemand dich liebt, wird dieser Spiegel dir sehr, sehr zugetan sein, höchst zufrieden mit dir, entzückt von dir. In diesen entzückten Augen erkennst du dich wieder, und zum ersten Mal wirst du dich irgendwie akzeptieren können.

Ansonsten hat man dich von Anfang an abgelehnt … Es liegt an der abstoßenden Struktur der Gesellschaft, dass jedes Kind mit der Zeit das Gefühl bekommt, nicht um seiner selbst willen akzeptiert zu werden. Wenn es brav ist – natürlich hängt das davon ab, was die Eltern für brav halten –, aber wenn es das erfüllt, wird es akzeptiert. Wenn es sich falsch verhält, je nachdem, was die Eltern für falsch halten, wird es abgelehnt. Das Kind hat früher oder später das Gefühl: „Ich werde nicht um meiner selbst willen akzeptiert, nicht so, wie ich bin, wie ich eigentlich bin, sondern um dessentwillen, was ich mache. Nicht mein Sein wird geliebt, sondern mein Tun." Und das führt zu einer tiefen Selbstablehnung, einem tiefen Selbsthass. Es fängt an, sich selber zu hassen.

Wenn du dich nicht verliebst, wenn du keine Liebhaber und Freunde findest, die dich akzeptieren, wirst du dich dein ganzes Leben lang abgelehnt fühlen. Liebe ist ein Muss. Du musst sie durchleben. Du kannst eines Tages wieder daraus auftauchen, irgendwann über sie hinausgehen – ja, über sie hinausgehen müssen! – aber wie kannst du über sie hinausgehen, wenn du dich nie auf sie einlässt?

Nur keine Angst. Und schlag dir all den Unsinn aus dem Kopf. Ja, es ist Angst da. Du könntest abgewiesen werden, aber hab keine Angst vor dieser Angst. Dieses Risiko musst du eingehen, sonst wird niemand kommen und dich annehmen. Wenn du an einhundert Türen klopfst und neunundneunzig verschlossen bleiben, hab keine Angst – eine wird aufgehen. Irgendwer erwartet dich. Irgendwer wird durch dich erfüllt werden, so wie du durch irgendwen erfüllt werden wirst. Irgendwer wartet darauf, zum Spiegel für dich zu werden, da irgendwer darauf wartet, dich zum Spiegel für sich zu machen. Und der einzige Weg herauszufinden, wer dieser Eine ist, besteht darin, immer wieder anzuklopfen und dich weiter voranzutasten. Es ist riskant, aber das Leben ist riskant.

Die ganz Schlauen verfehlen also ihr Leben; nie gehen sie ein Risiko ein. Vor lauter Angst zu stürzen, gehen sie gar nicht erst los. Vor lauter Angst zu ertrinken, gehen sie gar nicht erst schwimmen. Aus Angst vor Ablehnung, lassen sie sich gar nicht erst auf Liebe ein. Aus Angst vorm Scheitern bemühen sie sich gar nicht erst, etwas zu leisten – ihr Leben ist überhaupt kein Leben. Sie sind tot, ehe sie sterben. Sie sterben viele Male, ehe sie wirklich sterben. Ihr ganzes Leben ist nichts anderes als ein langsamer Tod.

Lebe, und lebe intensiv, und sei nicht persönlich beleidigt, wenn jemand dich nicht lieben kann – das muss niemand. Du warst bereit, du warst offen. Wenn der andere nicht will, ist das seine Sache. Mach keine Wunde daraus – es ist keine. Das besagt nur, dass ihr beiden nicht zusammen passt, mehr nicht. Es besagt nichts über dich oder über den anderen. Mach dem anderen keinen Vorwurf und bild dir nicht ein, dass es deine Schuld sei, dass du nicht angenommen wirst. Ihr habt einfach nicht zusammen gepasst.

Und sei froh, dass der andere dich nicht getäuscht hat, sondern gesagt hat: „Tut mir leid, ich empfinde keine Liebe zu dir." Zumindest war er aufrichtig und authentisch. Denn hätte er höflich Ja gesagt, dann wär euer ganzes Leben ein einziger Schlamassel geworden. Sei ehrlich. Wenn du liebst, gib es zu, und wenn du es nicht tust, dann ebenfalls. Sei ehrlich und aufrichtig.

Es gibt so viele schöne Menschen auf der Welt, warum allein leben? Geh ein paar Schritte mit einem anderen zusammen. Spüre auch diesen Rhythmus. Dieser Rhythmus wird dich befriedigen, und der Drang wird verschwinden.

Und wenn der Drang verschwindet, wird deine oberste Priorität Meditation sein. Die oberste Priorität kann sie aber nur sein, wenn du dich dem, was natürlich ist, nicht verweigert hast. Wer lange gefastet hat, kann nicht meditieren, denn immer, wenn er meditiert, kann er nur ans Essen denken: Kaum schließt er die Augen, schwebt ihm etwas zu essen vor. Wer sich der Liebe verweigert, kann nicht meditieren; kaum meditiert er, versinkt er sofort in Sexualität.

Erfüllt alle natürlichen Bedürfnisse, sie sind völlig in Ordnung. Was ist am Essen, am Sex verkehrt? Gar nichts. Erfüllt sie. Lebt so natürlich, dass eure Aufmerksamkeit, wenn ihr meditiert, von nichts anderem abgelenkt wird. Wenn ihr eure natürlichen Bedürfnisse erfüllt, werdet ihr sehen, dass eure Träume verschwinden werden. Nachts werdet ihr nicht träumen, da es nichts gibt, wovon ihr träumen könnt. Fastet, und ihr werdet vom Essen träumen; zwingt euch zur Enthaltsamkeit, und ihr werdet vom Sex träumen. Wenn ihr natürlich lebt, wenn es zwischen euch und der Natur zum Einklang gekommen ist … Das ist es, was ich *dharma* nenne; das ist es, was ich das oberste Lebensgesetz nenne. Haltet praktisch immer mit ihm Schritt. Und selbst wenn ihr mal aus dem Tritt geratet, findet es wieder; erinnert euch daran und kommt wieder in Einklang.

Haltet euch an die Natur, und ihr werdet das Ziel erreichen; bleibt bei der Natur und ihr werdet zu Gott finden. Ihr könnt Gott sogar vergessen und werdet ihn trotzdem finden – falls ihr der Natur treu bleibt. Denn erst, wenn die niederen Bedürfnisse erfüllt sind, zeigen sich die höheren. Wenn die höheren Bedürfnisse erfüllt sind, zeigen sich die letztendlichen Bedürfnisse. Das ist die natürliche Ökonomie des Lebens.

Wie könnte ein hungriger Mensch Musik verstehen? Wenn er hungrig ist, wäre es reiner Hohn, ihn aufzufordern, klassischer Musik zu lauschen. Oder ihn aufzufordern zu meditieren oder in *Zazen* zu sitzen. Wie soll er da an Buddha denken oder an Gott oder Jesus?! Er kann nicht meditieren, sein Geist wird flackern und wabern und immer wieder zu seinem leeren Magen wandern. Nein, er kann keine Gedichte lieben und auch keine Musik, wenn die primären Bedürfnisse unerfüllt sind. Erfüllt seine primären, wichtigsten Bedürfnisse – Nahrung, Obdach, Liebe –, dann wird seine Energie plötzlich die unteren Regionen hinter sich lassen und er wird anfangen, Gedichte zu lesen, Musik zu hören und das Tanzen zu genießen. Jetzt melden sich die höheren Bedürfnisse: Er würde gern malen oder bildhauern. Das ist Luxus. Der ist erst dann angesagt, wenn die niederen Bedürfnisse erfüllt sind. Und wenn auch diese höheren Bedürfnisse erfüllt sind – ihr habt die Musik geliebt, der Musik gelauscht; ihr habt Gedichte geliebt, sie genossen; ihr habt gemalt, getanzt … eines Tages wird sich dann ein neues Reich von Bedürfnissen zeigen, die ich die letztendlichen nenne: Meditation, Gott, Andacht.

Wenn die ersten Bedürfnisse nicht erfüllt werden, können die zweiten nicht auftauchen – und die dritten schon gar nicht. Wenn die ersten Bedürfnisse erfüllt sind, dann besteht die Möglichkeit, dass die zweiten auftauchen und sich auch eine Ahnung der dritten einstellt. Ist die zweite Ebene erfüllt, zeigt sich die dritte ganz von selber.

Vor kurzem schauten bei der Kundalini Meditation zwei Hunde zu. Nach einer Weile sieht der eine Hund den anderen an und sagt: „Wenn ich mich so aufführe, muss ich immer eine Wurmkur machen."

Ein Hund denkt natürlich wie ein Hund. Er hat seine eigene Welt, Ausdrucksweise, Vorstellungen. Für ihn können Leute, die die Kundalini machen, entweder nur Würmer haben oder verrückt geworden sein. Und was soll ein Hund auch anderes denken…

Euer Denken ist seit Jahrhunderten abgerichtet worden von Leuten, die nichts von euren wahren Bedürfnissen wissen. Sie haben sie auch gar nicht erst wissen wollen. Sie hatten anderes im Sinn und das ist ihnen bestens gelungen … sie waren daran interessiert, die Leute zu beherrschen. Und das geht am leichtesten, indem man ihnen Schuldgefühle macht – dann kann man die Leute ohne weiteres unterwerfen. Sobald Schuldgefühle da sind, wird euch irgendwer mit irgendwas unterwerfen, eine andere Wahl habt ihr nicht. Ein schuldiger Mensch fühlt sich nie wohl in seiner Haut, er kennt kein Selbstvertrauen; er kennt nur seine Schuld, also geht er hin und sucht sich einen Führer, geht er hin und sucht sich eine Kirche, geht er hin und sucht sich jemanden, der ihm sagt, wo's langgeht. Sich selber traut er sich nichts zu, daher dies Bedürfnis. Die Politiker und Priester haben sich die größte Mühe gegeben, allen ein schlechtes Gewissen zu verpassen. Jetzt macht dieses schlechte Gewissen Probleme.

Weg damit. Das Leben gehört euch und niemandem sonst. Es geht keinen Politiker, keinen Priester etwas an. Gestattet niemandem, sich in euer Leben einzumischen. Es gehört restlos euch. Und euer Körper weist euch in die richtige Richtung; der Körper ist sehr weise. Der Verstand ist ein ausgesprochener Nachzügler. Der Körper lebt schon seit Jahrmillionen, er weiß, was nötig ist. Aber der Verstand muss sich einmischen. Er ist sehr unreif; der Körper ist sehr reif. Hört auf den Körper. Und wenn ich sage: Hört auf den Körper, will ich damit nicht sagen: Bleibt auf den Körper beschränkt. Wenn ihr auf den Körper hört, wird er euch nichts zu sagen haben – für ihn ist alles klar. Und wenn der Körper sich wohl fühlt, entspannt und unverkrampft ist, nicht eure Aufmerksamkeit auf sich lenken will, weil ihr ein Bedürfnis nicht erfüllt, wenn der Körper also ruhig und still ist, könnt ihr hoch hinauf schweben, könnt ihr euch in die Höhe schwingen, könnt ihr zu einer weißen Wolke werden. Aber dafür müsst ihr euch wahrhaft um eure körperlichen Bedürfnisse gekümmert haben. Der Körper ist nicht euer Feind, sondern euer Freund. Der Körper ist eure Erde, der Körper hat all eure Wurzeln. Ihr müsst eine Brücke finden zwischen euch und eurem Körper. Wenn ihr diese Brücke nicht findet, werdet ihr in ständigem Streit mit eurem Körper liegen – und jemand, der mit sich selber kämpft, ist immer unglücklich.

Das erste ist: Schließe Frieden mit deinem Körper und brich nie den Vertrag. Sobald du mit deinem Körper einen Friedensvertrag abgeschlossen hast, wird dein Körper ausgesprochen freundlich werden. Du kümmerst dich um deinen Körper, dein Körper wird sich deiner annehmen – er wird ein ungeheuer wertvolles Gefährt für dich werden, er wird zu deinem Allerheiligsten. Eines Tages wird dir offenbar werden, dass dein Körper der eigentliche Tempel Gottes ist.

Kann man so in irgendetwas versenkt sein – zum Beispiel in diese dynamischen Meditationstechniken – mit absoluter, restloser Intensität, und gleichzeitig Zeuge bleiben, der sich doch abseits hält, ganz für sich?

Du meinst, ein Zeuge sei etwas abseits Stehendes, Losgelöstes. Das ist er nicht. Deine Intensität, deine Ganzheit, ist dein Zeuge. Wenn du also Zeuge bist und etwas dabei tust, entzweist du dich nicht – der Handelnde ist der Zeuge. Du tanzt zum Beispiel, *du* bist es, der tanzt. Der Tänzer und der Zeuge sind nicht zwei, sind nicht voneinander getrennt. Getrennt sind sie nur in der Sprache. Der Tänzer ist der Zeuge. Und wenn der Tänzer nicht der Zeuge ist, dann kann dein Tanz nicht rückhaltlos sein, da der Zeuge etwas Energie brauchen wird und du dich dann entzweien musst: Der eine Teil wird den Zeugen machen und der Rest wird tanzen. Das kann nicht rückhaltlos sein, sondern kann nur geteilt sein. Aber das ist nicht gemeint, denn das wäre ja der Zustand eines Schizophrenen – geteilt, gespalten. Das ist krankhaft. Wenn du dich entzweist, bist du krank. Du musst ein und derselbe bleiben.

Du musst total im Tanz aufgehen, und deine Totalität wird der Zeuge werden. Es wird nichts Abgetrenntes sein – du als Ganzes bist bewusst. Das ist es, was geschieht. Teile dich also nicht entzwei. Werde beim Tanzen zum Tanz. Nur bleib hellwach; schlaf nicht ein, werd nicht unbewusst. Du stehst nicht unter Drogen, sondern bist wach, hellwach. Aber diese Wachheit ist kein Teil von dir, der Abstand hält, sondern deine Gesamtheit; sie ist dein ganzes Sein. Nur sprachlich klingt es wie zwei – „der Tänzer und der Zeuge", aber im tiefsten Innern bist du eins. Der ganze Tänzer ist hellwach. Dann widerfährt dir nur Friede, Ausgewogenheit, Stille. Wenn du geteilt bist, wirst du verspannt sein, und diese Verspannung wird dir nicht gestatten, ganz und gar hier und jetzt zu sein, dich in der Existenz aufzulösen.

Merke dir einfach, dich nicht zu teilen. Werde zum Tänzer und sei dennoch hellwach. So wird es sein. Ich sage dies aus eigener Erfahrung. Aber ich sage dies auch aus der Erfahrung vieler anderer, die mit mir gearbeitet haben. Es wird auch dir passieren. Es ist vielleicht schon vielen passiert. Aber merke dir Eines: Spalte dich nicht. Bleib eins und dennoch hellwach.

Mir scheint, dass ich früher meditieren konnte – glaub ich wenigstens. Ein herrlicher, stiller, durchsichtiger Zustand überkam mich dann immer von irgendwoher; ich hielt das für Meditation. Jetzt kommt gar nichts mehr, außer galoppierende Gedanken. Was ist passiert?

So ist es eigentlich immer. Die Tage, da du das Gefühl hattest, dass dich eine Art Meditation überkam, waren die Tage, da du nicht wirklich danach suchtest – es überkam dich einfach. Jetzt willst du unbedingt, dass es passiert, und das ist ein riesiger Unterschied. Alles wirklich Wertvolle im Leben passiert einfach von selbst; du kannst es nicht herbeizitieren, kannst es nicht bewerkstelligen.

Ob es nun Meditation ist oder Liebe oder Seligkeit oder Stille … Alles, was dir über den Horizont geht, ist jenseits deines Einflussbereichs; dir sind nur Dinge möglich, die im Einflussbereich deines Verstandes liegen. Der Verstand ist der Macher, aber dein Sein ist kein Macher. Dein Sein ist nur eine Offenheit und ein tiefes Akzeptieren von allem, was geschieht, ohne Klage, ohne Groll – in reiner Dankbarkeit. Und selbst die ist nicht dein Werk, selbst die ist Teil des Geschehens. Wir müssen uns diesen Unterschied ganz klar machen; fast jeder verwechselt das. Etwas widerfährt dir ... es ist so schön, so beseligend! Der Verstand fängt sofort an zu wünschen, dass es mehr geschehen möge, dass es öfter geschehen möge, dass es tiefer gehen möge. Sobald der Verstand sich einmischt, bringt er alles durcheinander. Der Verstand ist der Teufel, der Zerstörer.

Man muss also aufpassen wie ein Luchs, dass sich der Verstand nicht in jenseitige Dinge einmischt. Als Mechaniker, als Techniker ist der Verstand völlig in Ordnung. Gebt eurem Verstand nur Dinge zu knacken, die er kann, aber lasst ihn nicht bei Dingen dazwischenfunken, die jenseits seiner Fähigkeit liegen. Nur besteht eines der Probleme darin, dass der Verstand nichts als Verlangen ist – Verlangen nach mehr. Was die Welt des Machens betrifft, könnt ihr ein größeres Haus haben, ein besseres Haus, bessere Möbel – hier könnt ihr alles besser machen; denn das liegt im Rahmen der Möglichkeiten des Verstandes.

Aber darüber hinaus kann der Verstand nur begehren, und jede Begierde wird enttäuscht werden. Statt mehr Meditation wird er euch mehr Enttäuschung bringen. Statt mehr Liebe, wird er euch mehr Wut bringen. Statt Stille und Friede, wird er mehr Gedankenverkehr bringen – und so ergeht es praktisch jedem. Das ist also etwas Natürliches, aus dem man herauswachsen muss.

Du sagst hier: *„Mir scheint, dass ich früher meditieren konnte – glaub ich wenigstens. Ein herrlicher, stiller, durchsichtiger Zustand* *überkam mich dann immer von irgendwoher; ich hielt dies für Meditation."* Du hattest es weder erwartet noch hattest du es ersehnt; es war nur ein Gast – wie ein Windhauch, der dich streift. Aber du kannst ihn nicht festhalten, und du kannst ihm nicht befehlen zu kommen. Er kommt, wenn er kommt. Sobald du das verstehst, versuchst du es nicht mehr.

Du kennst den Spruch „Versuch es immer wieder!" Ich möchte dir sagen: „Lass es immer und immer wieder bleiben!" Sobald du es versuchen möchtest, hör sofort auf damit. Sonst bist du zum Scheitern, zur Enttäuschung verurteilt. Aber wenn du es lassen kannst – und jeder kann es lassen, weil es nichts bringt ... Warum soll es so schwer sein, mit dem Scheitern, der Enttäuschung, Verzweiflung und Hoffnungslosigkeit aufzuhören? Lass es einfach und denk gar nicht mehr ans Meditieren.

Eines Tages plötzlich wirst du merken, wie ein Fenster aufgeht und eine frische Brise dein Herz mit neuen Strahlen erfüllt hat. Nur mach jetzt nicht wieder denselben Fehler! Sei dankbar für das, was geschieht, aber frag nicht nach mehr ... und es wird mehr werden. Fordere nicht, dass es wieder kommt – dein Fordern wird es verhindern. Es wird wiederkommen, es wird immer öfter kommen. Nach und nach wird es zu eurem Lebenspuls; ob ihr wacht oder schlaft, es ist immer da, es geht nie weg. Aber es ist nicht euer Tun; ihr könnt euch nicht rühmen: „Das hab ich getan!" Ihr könnt nur sagen: „Ich habe dem Unbekannten erlaubt, es mit mir zu tun."

Alle großen Erfahrungen kommen aus dem Unbekannten in euer kleines Herz, und wenn wir uns zu sehr um sie bemühen, verkrampfen wir uns nur, sodass unsere Verkrampfung sie fernhält.

Wenn ihr es nicht versucht und einfach entspannt bleibt – ihr denkt nicht entfernt an Meditation und dergleichen – hört ihr plötzlich, wie sich euch die Tritte des Unbekannten nähern … etwas von nirgendwoher. Empfangt es mit Staunen, nicht mit Verlangen. Empfangt es mit Dankbarkeit, nicht mit Gier.

Du sagst hier: „*Jetzt kommt gar nichts mehr, außer galoppierende Gedanken.*" Was ist passiert? Du wurdest dir des Unbekannten bewusst … nur eine kleine Kostprobe von Meditation, und schon wurdest du gierig, begehrlich. Dein Verlangen, deine Gier verdarb das ganze Spiel. Dennoch lässt sich alles wieder hinbiegen. Du siehst deinen Verstand andauernd rennen; lass ihn rennen – schau du einfach nur zu, sei nur Zuschauer, ein Beobachter.

Den Verstand einfach nur zu beobachten ist eins der größten Geheimnisse des Lebens … denn man erkennt zwar nicht, wie's funktioniert, aber es funktioniert! Einfach während man zuschaut, gleichgültig, desinteressiert, so als ginge es dich nichts an, beginnen diese Gedanken zu verebben – und dann verliert sich der Stau auf der Überholspur des Verstandes. Nach und nach kommen kleine Lücken, und durch diese Lücken siehst du das, was du von früher her kennst, aufblitzen. Aber greif nicht danach, sei nicht gierig. Genieß es, auch das geht vorbei. Versuch nicht, dich daran zu klammern. Neue Gedanken werden kommen, dann wieder kommen Lücken, eine größere Lücke. Nach und nach werden größere Lücken auftauchen, in denen der Verstand leer ist. Durch diesen leeren Verstand kann das Jenseits in dich gelangen, aber die Grundbedingung ist, dass du dich nicht anklammern darfst. Wenn es kommt – gut; wenn nicht – auch gut.

Vielleicht bist du nicht reif, vielleicht ist es nicht die Zeit – sei trotzdem dankbar. Man muss sich seine Beobachtungsgabe und Dankbarkeit verdienen. Selbst wenn gar nichts von dem geschieht, was du dir heimlich wünschst, sei trotzdem dankbar. Vielleicht ist es nicht die richtige Zeit für dich, vielleicht wäre es nicht gut für dein Wachstum.

Wie oft habe ich euch schon die Geschichte des Sufi-Mystikers Junnaid erzählt … Er war der Meister von Al-Hillaj Mansur, und wegen Mansur wurde auch er sehr berühmt. Mansur wurde von den orthodoxen, fanatischen Traditionalisten umgebracht, und wegen Mansur wurde auch Junnaids Name berühmt. Mansur war Junnaids Schüler.

Junnaid pilgerte jedes Jahr zur Kaaba, dem Heiligtum der Muslime. Es war nicht weit von seiner Stadt, und die Sitte verlangt von jedem Muslim, dass er die Kaaba zumindest einmal in seinem Leben besucht – andernfalls ist er kein wahrer Muslim. Aber da die Kaaba so nah lag, zog Junnaid alljährlich mit seinen Schülern dorthin. Er gehörte zu den revolutionären Heiligen. Im Grunde sind alle anderen als die revolutionären gar keine Heiligen – sondern nur Schausteller, Komödianten, Hochstapler und Heuchler.

Die Bewohner der Dörfer, durch die Junnaid pilgerte, waren sehr schlecht auf ihn zu sprechen. Ein paar Dörfer waren ihm so böse, dass sie ihm nichts zu essen geben wollten oder auch nur Trinkwasser und ihn nicht in ihrem Dorf übernachten ließen.

Junnaid pflegte immer zu beten – Muslime beten fünfmal am Tag – und nach jedem Gebet erhob er seine Hände zu Gott und sagte dann immer: „Ich bin dir ja so dankbar! Wie kann ich dir meine Dankbarkeit ausdrücken? Du kümmerst dich in jeder Hinsicht um mich; dein Mitgefühl ist grenzenlos, deine Liebe kennt keine Schranken!"

Die Schüler hatten es satt, denn fünfmal pro Tag, und in Situationen, wo Gott sich ganz offenbar nicht um sie kümmerte – nichts zu essen, nichts zu trinken und kein Dach überm Kopf gegen die heiße Wüstensonne ... Einmal hatte man sie drei Tage hintereinander abgewiesen, gesteinigt, ihnen nichts zu essen, zu trinken, kein Obdach gegeben, und trotzdem verrichtete Junnaid seine Gebete immerzu weiter.

Am dritten Tag verloren die Schüler die Nerven. Sie sagten: „Irgendwann reicht's. Wieso sagst du ‚Du bist mitfühlend', ‚deine Liebe ist groß', ‚Du kümmerst dich um uns bis ins Kleinste!'? Drei Tage lang haben wir nichts gegessen, wir sind durstig, wir haben im Freien geschlafen, wir haben in der Wüste geschlafen, zitternd in der eiskalten Nacht. Wofür bist du eigentlich dankbar?"

Die Antwort, die Junnaid seinen Schülern gab, ist es wert, festgehalten zu werden. Er sagte: „Meint ihr vielleicht, ich sähe nicht, dass wir drei Tage lang nichts zu essen bekommen haben, dass man uns abgewiesen, ja sogar gesteinigt hat, dass wir durstig sind und drei Nächte in der offenen Wüste bleiben mussten...?

Seht ihr nicht, dass ich das sehr wohl bemerkt habe? Aber das heißt doch nicht, dass er sich nicht um uns kümmert. Vielleicht kümmert er sich auf diese Art um uns; vielleicht ist es ja das, was wir zur Zeit brauchen? Gott zu danken, wenn alles glatt läuft, ist sehr leicht. So ein Dank bedeutet nichts. Es ist mir nicht entgangen, dass ihr alle in diesen drei Tagen nach und nach aufgehört habt, Gott nach dem Gebet zu danken. Ihr habt den Test nicht bestanden. Es war ein schöner Test. Selbst wenn ich jetzt sterben muss, werde ich es mit Dankbarkeit tun. Er hat mir das Leben geschenkt; er hat es mir wieder genommen. Es hat ihm gehört, es gehört ihm, es wird ihm gehören. Wer bin ich, ihm dreinzureden?"

Es wird also Zeiten geben, da du keinen Augenblick des Friedens, der Stille, der Meditation, Liebe, Seligkeit finden kannst. Aber verlier nicht die Hoffnung. Vielleicht sind solche Augenblicke erforderlich, um dich zu kristallisieren, dich stark zu machen. Sei nicht nur dankbar, wenn alles glatt läuft, sondern auch dann, wenn alles schief läuft.

Ein Mensch, der zu Dankbarkeit fähig ist, wenn alles schief läuft, ist wirklich dankbar; er weiß, wie schön Dankbarkeit ist. Seinetwegen mag alles immerzu schief laufen, aber seine Dankbarkeit hat eine solche Verwandlungskraft, dass sie alles ändern wird.

Mach dir also keine Sorgen um die galoppierenden Gedanken; lass sie galoppieren. Lass sie ungehindert galoppieren, fahr nicht dazwischen – beobachte du nur. Halte dich raus und lasse sie galoppieren ... und bald, ohne Ausnahme, als ein Naturgesetz, werden sich Lücken einstellen. Und wenn die Lücken kommen, freu dich nicht zu sehr über das: „Ich hab's!" Bleib entspannt. Genieße auch diese Lücken, aber ohne Gier und ohne Verlangen, denn die werden verschwinden – und zwar umso schneller, je gieriger du wirst. Wenn du nicht gierig bist, nichts begehrst, mögen sie länger bleiben. Darin besteht das ganze Üben von Meditation. Bald kommt der Tag, da dein Geist völlig still wird, erfüllt von lauter Freude und Stille. Aber vergiss nicht: Das ist nicht dein Werk. Wenn du das auch nur einen einzigen Moment lang glaubst, könnte es damit vorbei sein.

Bedenke stets, dass du das Werk der Existenz bist. Alles was groß ist, wird dir nicht durch dein Tun zuteil, sondern durch deine entspannte Offenheit, Verfügbarkeit.

Halte einfach deine Türen offen.

Der Gast wird kommen – es ist noch nie anders gewesen.

Der Gast kommt immer.

Peters Sohn wird Schauspieler. Eines Abends kommt er aufgeregt zu seinem Vater: „Ob du's glaubst oder nicht, Papa!", ruft er. „Soeben hab ich meine erste Rolle gekriegt! Ich spiele einen seit fünfundzwanzig Jahren verheirateten Mann."

„Nur weiter so, mein Sohn!", gratuliert Peter. „Irgendwann kriegst du bestimmt auch mal eine Sprechrolle."

In deinem Fall ist es genau umgekehrt. Im Augenblick hast du die Sprechrolle; aber Kopf hoch – irgendwann bekommst du mit Sicherheit auch die stumme Rolle. Mach dir da nur keine Sorgen. Man muss das Leben ganz spielerisch nehmen, mit sehr viel Humor. In guten wie in schlechten Zeiten, wenn alles läuft wie geschmiert und wenn gar nichts läuft, wenn der Frühling kommt und wenn der Frühling dich auch mal im Stich lässt...

Vergiss nicht: Was jenseits vom Verstand ist, liegt nicht in unserer Hand; wir sind nur Empfänger. Und um ein Empfänger zu werden, brauchst du nur ein Beobachter deines Verstandes zu werden; denn durch Beobachtung kommen besagte Lücken zum Vorschein. In jenen Lücken steht deine Tür offen. Und durch diese Tür können Sterne zu dir hereinkommen. Und wenn tatsächlich Sterne und Blumen zu dir hereinkommen, dann werde nicht gierig, versuch nicht, sie in dir einzusperren. Sie kommen aus freien Stücken, und du darfst nie vergessen, dass sie es nur aus freien Stücken bei dir aushalten. Wenn du ihre Freiheit zerstörst, werden sie mitzerstört. Ihre Freiheit ist ihr Ein und Alles.

Ich habe es immer wieder erlebt, bei Tausenden von Menschen, dass sie es, wenn sie zum ersten Mal herkommen um zu meditieren, spielend leicht damit haben – da sie keine Ahnung haben, was es ist. Das wahre Problem stellt sich erst ein, wenn es ihnen widerfahren ist – dann wollen sie nichts anderes mehr, dann wissen sie, was es ist und begehren es. Sie gieren danach: „Wie? Was? Den anderen passiert es, und mir nicht?!“ Dann versinken sie in Eifersucht, Neid und allen möglichen Irrtümern.

Bleibe immer unschuldig, sofern es die Dinge jenseits des Verstandes betrifft. Bleib immer ein Amateur, werde nie Experte. Das ist das Schlimmste, was einem passieren kann.

Anmerkung des Herausgebers: Osho hat speziell für den heutigen Menschen eine Reihe von aktiven Meditationen entwickelt. Viele von ihnen haben eine Phase der intensiven körperlichern Aktivität und Katharsis, gefolgt von einer Phase des stillen Beobachtens und des Feierns. All diese Meditationen werden von Musik begleitet, um den Meditierenden durch die verschiedenen Phasen zu führen.
Hier wird zum Kennenlernen, die ***Osho Nadabrahma Meditation,*** *eine eher weibliche, passive Meditation vorgestellt. Zu den anderen, eher aktiven Techniken zählen die* ***Osho Dynamische Meditation,*** die ***Osho Kundalini Meditation*** und ***die Osho Nataraj Meditation.*** *Wir empfehlen dafür das Standardwerk von Osho über Meditation: Das Orangene Buch, Die Meditationstechniken.*

Osho Nadabrahma Meditation

Nadabrahma ist eine alte tibetische Technik, die ursprünglich in den frühen Morgenstunden gemacht wurde. Sie kann aber zu jeder Tageszeit gemacht werden, allein oder zusammen mit anderen; mache sie aber mit nüchternem Magen und bleibe danach mindestens 15 Minuten lang untätig. Die Meditation dauert eine Stunde und hat drei Phasen.

Erste Phase: 30 Minuten

Sitze in entspannter Haltung mit geschlossenen Augen und geschlossenem Mund. Fange an zu summen, und zwar gerade laut genug, dass es andere noch hören können, und lass die Vibration sich über den ganzen Körper ausbreiten. Du kannst dir eine Röhre oder ein leeres Gefäß vorstellen, nur von den Vibrationen des Summens erfüllt. Es wird ein Moment kommen, von dem an das Summen von selbst geschieht und du zum Zuhörer wirst. Es gibt hier keine spezielle Atemtechnik, und du kannst deine Tonlage verändern und dich dabei auch ganz leicht und langsam in den Hüften wiegen, wenn du dich danach fühlst.

Zweite Phase: 15 Minuten

Die zweite Phase ist in zwei Teile von je siebeneinhalb Minuten aufgeteilt. Bewege in der ersten Hälfte deine Hände mit den Handflächen nach oben, in einer vom Körper weggehenden kreisförmigen Bewegung. Vom Nabel aus gehen beide Hände nach vorne und trennen sich dann zu zwei spiegelgleichen, großen Kreisen nach rechts und nach links. Die Bewegung sollte so langsam sein, dass es dir zeitweise so vorkommt, als seien die Arme gar nicht in Bewegung. Fühle, dass du Energie nach außen an das Universum abgibst.

Nach siebeneinhalb Minuten drehe die Hände um, die Handflächen sind jetzt nach unten gerichtet, und bewege sie in die entgegengesetzte Richtung. Die Hände treffen einander jetzt in der Nabelgegend und gehen dann zu beiden Seiten des Körpers auseinander. Fühle, dass du Energie hereinholst. Wie in der ersten Phase auch, kannst du leichte Körperbewegungen zulassen.

Dritte Phase: 15 Minuten

Sitze oder liege absolut ruhig und still.

Osho hat uns eine wunderschöne Variante dieser Technik für Partner gegeben.

Die Partner sitzen einander gegenüber, mit einem Laken zugedeckt, und halten sich über Kreuz an den Händen. Es ist am besten, dabei keine Kleidung zu tragen. Die Beleuchtung im Raum sollte nur aus vier kleinen Kerzen bestehen; zündet ganz bestimmte Räucherstäbchen an, die ihr nur für diese Meditation verwendet.

Schließt die Augen und summt 30 Minuten lang zusammen. Nach kurzer Zeit werdet ihr fühlen, wie eure Energien sich treffen, ineinander verschmelzen und sich vereinigen.

Aus: Das Orangene Buch

Der Klassiker unter den Meditationsbüchern

Osho

Das Orangene Buch

Die Meditationstechniken

256 S. · D 9,80 · Ö 10,10

ISBN 978-3-936360-70-7

Das Orangene Buch ist der Klassiker unter den Meditationsbüchern. Unter den über 90 Meditationen, die in diesem Buch vorgestellt werden, ist für jeden Leser die Richtige dabei. Die oft unorthodoxen Techniken sind einzigartig in ihrer Originalität und Frische.

Quellennachweis

1. Kap.: From Misery to Enlightenment, #2
2. Kap.: Ancient Music in the Pines, #7
3. Kap.: The Secret, #11
4. Kap.: The Dhammapada, The Way of the Buddha, Vol. 3, #2
5. Kap.: The Dhammapada, The Way of the Buddha, Vol. 6, #4
6. Kap.: The Imprisoned Splendor, #27
7. Kap.: Sufis: the People on the Path, Vol.1, #10
8. Kap.: Beyond Psychology, #25
9. Kap.: Vedanta, Seven Steps to Samadhi, #5
10. Kap.: The Osho Upanishad, #6
11. Kap.: The Dhammapada, The Way of the Buddha, Vol. 10, #4
12. Kap.: Yoga, The Alpha and the Omega, Vol. 6, #8
13. Kap.: Yoga, The Alpha and the Omega, Vol. 3, #4
14. Kap.:
    - a. The Rebellious Spirit, #24
    - b. Light on the Path, #16
    - c. The Perfect Master, Vol. 1, #6
    - d. From Bondage to Freedom, #43
    - e. Yoga, Vol. 6, #8
    - f. Dang Dang Doko Dang, #2
    - g. Dang Dang Doko Dang, v 10
    - h. Vedanta, #11
    - i. Golden Future, #3

Über Osho

Oshos Lehren widerstehen jeglicher Kategorisierung, sie reichen von der persönlichen Sinnsuche bis hin zu den dringendsten sozialen und politischen Fragen, mit denen die Welt heute konfrontiert ist. Seine Bücher wurden aus zahllosen Tonband- und Videoaufnahmen transkribiert.

Er hat über einen Zeitraum von 35 Jahren vor einer internationalen Zuhörerschaft stets aus dem Stegreif gesprochen. Der Londoner Sunday Times zufolge zählt Osho zu den „1000 Machern des 20. Jahrhunderts“; der amerikanische Romanautor Tom Robbins hat ihn einmal „den gefährlichsten Mann seit Jesus Christus“ genannt.

Osho selbst beschreibt sein Werk als „Beitrag, die Voraussetzungen für die Entstehung einer neuen menschlichen Lebensweise zu schaffen“. Diesen neuen Menschentypus hat er immer wieder als „*Zorba the Buddha* – Sorbas der Buddha“ umschrieben – also einen Menschen, der nicht nur wie der Grieche Sorbas die irdischen Freuden zu schätzen weiß, sondern ebenso sehr die stille Heiterkeit eines Gautam Buddha. Wie ein roter Faden zieht sich durch alle Aspekte von Oshos Arbeit die Vision einer Verschmelzung der zeitlosen Weisheit des Ostens mit den höchsten Potenzialen westlicher Wissenschaft und Technik.

Vor allem seine revolutionären Ansätze zur Wissenschaft der inneren Transformation haben Osho berühmt gemacht. Denn seine Auffassung von Meditation wird dem rasanten Tempo einer modernen Lebensweise gerecht. Seine innovativen „aktiven Meditationen“ basieren auf dem Gedanken, dass erst der in Körper und Geist angesammelte Stress abgebaut werden muss, um, frei von Gedanken und entspannt, einen meditativen Zustand zu erfahren.

www.osho.com

Das Osho International Meditation Resort

Das Ressort ist ein Platz, an dem Menschen eine neue Lebensweise erfahren können – geprägt von mehr Bewusstheit, Entspannung und Lebensfreude. Etwa 100 km südöstlich von Mumbai im indischen Pune gelegen, hat dieser Platz ein reichhaltiges Programm zu bieten; Tausende von Menschen aus mehr als hundert Ländern weltweit besuchen ihn Jahr für Jahr.

Das Meditationsgelände erstreckt sich über ca. 15 Hektar inmitten eines von prächtigen alten Baumalleen gesäumten Villenviertels namens Koregaon Park und bietet Unterkunftsmöglichkeiten auf dem Campus im neu erbauten Gästehaus. Außerdem gibt es ein breites Angebot an nahe gelegenen Hotels und privaten Unterkünften.

Das Programm des Ressorts gründet auf Oshos Vision einer qualitativ neuen Art von Mensch, der nicht nur sein Alltagsleben schöpferisch zu gestalten vermag, sondern auch Zugang zu entspannter Stille und Meditation findet.

Angeboten werden u. a. Einzelsitzungen, Kurse und Trainings zu allen möglichen Themen – von den bildenden Künsten bis hin zu ganzheitlichen Heilmethoden, von persönlicher Transformation bis hin zu Therapie, esoterischer Wissenschaft, Sport- und Fitnessprogrammen mit Zen-Akzent, Beziehungsthemen und Angebote für Menschen, die in grundlegenden Veränderungsphasen ihres Lebens sind. Und natürlich gibt es ganzjährlich die täglich stattfindenden Meditationen im Ressort.

www.osho.com/ resort

Osho Meditationen auf CD

Osho Nadabrahma
Music by Deuter
Bestellnr. 70002

Dieser Meditation liegt eine uralte Methode der Tibeter zugrunde. Man summt und lässt die Schwingungen sich über den ganzen Körper ausbreiten

Osho Kundalini
Music by Deuter
Bestellnr. 70100

Durch Schütteln wird die Kundalini-Energie erweckt, dann durch Tanzen ausgedrückt. Dann richtet sich die Energie nach innen.

Osho

Die tantrische Vision

Weisheit, Liebe, Spontaneität & Sex

384 S., D 16,80 · Ö 17,30

ISBN 978-3-936360-97-4

Der Begründer des buddhistischen Tantra, Saraha, der vor über 2000 Jahren in Indien lebte und von dessen „Lied an den König" dieser Text handelt, trifft eine Pfeilmacherin, die ihn die Kunst der Verschmelzung lehrt. Unter der Anleitung dieser Pfeilmacherin wird Saraha zum Tantriker. Der „Tantra-Klassiker".

Osho

Jesus – Mensch & Meister

320 S., D 16,80 · Ö 17,30

ISBN 978-3-936360-64-6

In diesem „Lesebuch" über Jesus zeigt Osho den Mensch und Meister und filtert die wahre Kraft der Botschaft Jesu heraus, die besagt, dass das Leben selbst der größte Lehrmeister und Religiosität nicht in der Bibel zu finden ist, sondern nur in der eigenen Erfahrung.

www.innenwelt-verlag.de

Osho

Die verborgene Harmonie

Vorträge über die
Fragmente des Heraklit
400 S., HC, D 12,80 · Ö 13,20
ISBN 978-3-936360-85-1

Heraklit war vom Schlage eines Gautam Buddha oder Basho oder Laotse. Im Osten wäre Heraklit als Buddha erkannt worden, hätten Millionen durch ihn den Weg gefunden. Heraklit wurde von Aristoteles als „dunkel" und „verwirrt" verdammt, nur weil er die Kontraste von Leben und Tod, Krieg und Frieden, Tag und Nacht nicht als unvereinbar gegensätzlich, sondern als verborgene Harmonie sah.

Osho

Tao - Das Herz der Freiheit

224 S., D 16,80 · Ö 17,30
ISBN 978-3-936360-46-2
Bestellnr. 00046

In seinen Kommentaren zu fünf Gleichnissen aus „Das Buch Lieh-tse" stellt Osho die uralte Weisheit des Tao in das Licht seiner zeitgemäßen Deutung.

www.innenwelt-verlag.de